DE OVERHEID: HAAR FINANCIËN EN ECONOMISCH BELEID

Walter Kanning

i

De overheid: haar financiën en economisch beleid

Kanning, Walter

Uitgegeven door:

Vandeplas-Grether Publishing b.v. – Oktober 2014

Haarsteegsestraat 51
5254 JN Haarsteeg
The Netherlands

www.vangre.eu

ISBN: 978-94-91533-03-7

Het schrijven van een boek is een intensieve bezigheid en er zijn ongetwij-feld aangenamer hobby's te bedenken. Toch is een nieuw boek over open-bare financiën, dat geschikt is voor studenten bij het HBO, noodzakelijk. Een eenvoudige inleiding tot de openbare financiën waarin ook ruime aandacht wordt besteed aan de institutionele achtergronden van het begrotingsbeleid. Daarbij past ruime aandacht voor de Europese Unie en de Economische en Monetair Unie. Veranderingen in de begroting van de overheid hebben grote gevolgen voor de economie van een land. In dit boek staat daarbij Neder-land centraal. Dat economie en politiek grote samenhang vertonen wordt bij het lezen van dit boek duidelijk gemaakt. De betekenis van de economie voor de politiek is vooral het inzicht dat de economie kan verschaffen over de gevolgen van het beleid. Politici moeten dikwijls beslissingen nemen in situaties die zich nog niet eerder hadden voorgedaan. In zulke situaties le-vert de economie een belangrijke bijdragen leveren.

Bij het schrijven van dit boek heb ik mogen steunen op twee belangrijke pila-ren. Mr. B. F. Hoogeveen die werkzaam is in het onderwijs heeft belangrijke didactische verbeteringen voorgesteld die in het boek zijn verwerkt. Prof. Dr. M. M. G. Fase heeft vele inhoudelijke verbeteringen voorgesteld die even-eens zijn geïmplementeerd. Hun beider bijdragen hebben tot essentiële ver-beteringen geleid. Dat neemt niet weg dat ik zelf de verantwoordelijkheid draag voor het eindresultaat.

Ik hoop de belangstelling van de studenten voor het vak te wekken en wens daarbij dat zij zich bewust worden van de belangrijkheid van de openbare financiën.

Walter Kanning

Heemstede, 2014

Inhoudsopgave

Voorwoord

1. De Nederlandse overheidsbegroting

2. De Europese unie (EU)

3. Macro-economische visie op het overheidsbeleid

4. Economische theorie van de publieke besluitvorming

Epiloog

1 De Nederlandse overheidsbegroting

Inleiding

Dit eerste hoofdstuk laat je kennismaken met de begroting van de Nederlandse overheid. De begroting gaat over de geplande inkomsten en uitgaven van de overheid voor een komend kalenderjaar. De omvang en de samenstelling van deze geplande inkomsten en uitgaven is afhankelijk van politieke opvattingen. Daarom is er in dit hoofdstuk ook aandacht voor economische politiek. Er is aandacht voor de totstandkoming van de begroting en de doelstellingen die daarbij horen. Ook is er aandacht voor de betekenis van de begroting voor de Nederlandse economie.

Begonnen wordt met het bespreken van het economische kader waarbinnen zich de begroting van de Nederlandse overheid afspeelt. De doeleinden en instrumenten van economische politiek komen daarna aanbod. Dan komt de betekenis van de begroting voor de inzet van productiemiddelen in het land en het herverdelen van inkomen. Tenslotte is de aandacht gericht op de derde dinsdag in september en op de controle van de begroting door de Tweede Kamer.

1.1 Overheid in enge en ruime zin

Als je het over de overheid in Nederland hebt denk je misschien alleen maar aan het Binnenhof in Den Haag. Dat is de *centrale overheid* of het *Rijk*. De overheid in Den Haag is de *overheid in enge zin*. Maar naast de overheid in Den Haag, zijn er ook provincies, gemeenten en waterschappen. Provincies zoals Groningen en Limburg, gemeenten zoals Schiedam en Arnhem. Een voorbeeld van een waterschap is Rijnland. Rijnland verzorgt het waterbeheer in Noord- en Zuid Holland. Het Rijk, de provincies en de gemeenten vormen samen de *overheid in ruime zin*. De overheid in ruime zin samen met de sociale zekerheid heet de *collectieve sector* of de *publieke sector*. De *sociale zekerheid* in Nederland is gericht op het verschaffen van inkomen aan mensen, die bijvoorbeeld arbeidsongeschikt zijn of mensen ouder dan 65 die met pensioen zijn. Schematisch ziet dat er als volgt uit:

De overheid in enge zin	*de centrale overheid of het Rijk.*
De overheid in ruime zin	*het Rijk, de provincies en de gemeenten*
De collectieve sector	*de overheid in ruime zin met de sector sociale zekerheid.*

Schema 1.1: De collectieve sector of publieke sector

Het Nederlandse sociale zekerheidsstelsel komt later uitvoerig aan de orde. In dit hoofdstuk ligt de nadruk vooral op de centrale overheid in Den Haag.

In Nederland heeft de centrale overheid grote invloed op het dagelijks economische leven. De collectieve sector is bijvoorbeeld een van de grootste werkgevers van Nederland. De centrale overheid kan ons uitgavenpatroon beïnvloeden door verandering van belastingtarieven of door haar uitgaven te veranderen. Ook door wet- regelgeving kan de centrale overheid het dagelijkse economische leven beïnvloeden.

Overheidsinvloed op het economisch leven door verandering van

> *Overheidsuitgaven*
>
> *Belastingen*
>
> *Wet- en regelgeving*

Schema 1.2: Beïnvloeding van het economisch leven door de overheid

De centrale overheid merk je overal om je heen. De centrale overheid laat bijvoorbeeld wegen aanleggen, bouwt bruggen en betaalt het onderwijs. Al deze uitgaven hebben hun invloed op je dagelijkse leven. Ook met de belastingen heb je dagelijks te maken.

Op elk broodje, elke IPod zit BTW (belasting op de toegevoegde waarde). Je ouders en jezelf moeten inkomstenbelasting betalen. Ondernemingen betalen vennootschapsbelasting.

Door verandering in wetgeving behoort de koopzondag in veel steden tot het normale patroon. Dit heeft grote invloed op het leef- en werkpatroon van veel mensen. De overheid is bepalend is voor de manier van organisatie van de economie van een land. De manier waarop de economie van een land is georganiseerd heet de *economische orde*. Meer daarover in de volgende paragraaf.

1.2 Economische orde

Vaak is de betekenis van de collectieve sector voor een land in een getal weergegeven. Dat getal heet de collectieve lastendruk. De collectieve lasten, de som van de belastingen en sociale premies, worden uitgedrukt in een percentage van het bruto binnenlands product. De *sociale premies* zijn bijvoorbeeld premies voor de sociale verzekeringen zoals de AOW en de ziektekostenwet. Het *bruto binnenlands product* of *BBP* is de waarde van wat wij met ons allen in Nederland produceren. In 2013 bedroeg de collectieve lastendruk zo'n 40%. Dat betekent dat van alles wat wij in Nederland produceren zo'n 40% via de overheid gaat. Zo'n getal geeft een aanwijzing van de grote betekenis van de Nederlandse overheid voor de economie.

Collectieve lastendruk =   *belastingen en sociale premies*

BBP

Schema 1.3: Collectieve lastendruk

De hierna volgende tabel 1.1 laat de collectieve lastendruk in verschillende gebieden zien.

Gebied	Collectieve lastendruk
Europese Unie	*39,8*
Eurozone	*40,4*
VS	*28,3*
Japan	*27,9*

Tabel 1.1   Collectieve lastendruk in 2009

3

De tabel 1.1 laat zien dat de collectieve lastendruk erg verschilt in diverse landen. Tussen Europese landen enerzijds en de VS en Japan anderzijds. De collectieve belastingdruk bedroeg in de Europese Unie (EU) gemiddeld 39,8 procent. Maar binnen de EU bestaan ook grote verschillen. In Roemenië en Slowakije was de belastingdruk met 29,4 procent het laagst. Denemarken heeft met 48,7 procent de hoogste druk, gevolgd door Zweden met 48,3 procent. Nederland met 40 procent staat op de vijftiende plaats. In de eurozone, dat zijn de landen die de euro gebruiken, kwam de belastingdruk uit op gemiddeld 40,4 procent. In de Verenigde Staten (VS) was dat 28,3 procent, in Japan 27,9 procent.

Het getal van de collectieve lastendruk geeft een aanwijzing van de betekenis van de overheid in de economie van een land. De organisatie van de economie van een land heet de *economische orde*. Er zijn twee *ordeningsbeginselen*: *centrale leiding* en *vrije ruilverkeershuishouding*. Deze ordeningsbeginselen staan in schema 1.4. Ze zijn sterk van elkaar verschillend.

Centrale leiding   *Vrije ruilverkeershuishouding*

Schema 1.4: Economische orde

In het geval van centrale leiding neemt de centrale overheid alle belangrijke investeringsbeslissingen. In de vroegere Sovjet Unie bepaalde de centrale overheid tot in de details hoeveel er van wat geproduceerd moest worden, voor welke prijs en met welke kwaliteit. De centrale overheid bezat alle kapitaalgoederen. Bij centrale leiding stelt de centrale overheid meerjarenplannen op voor de economie. Die meerjarenplannen moeten worden uitgevoerd. Dat is nu alleen nog zo in Cuba en Noord-Korea. Zelfs de beroepskeuze van jongeren is niet helemaal vrij. Zulke economieën worden ook wel planeconomieën of bevelseconomieën genoemd omdat de centrale overheid de opdracht geeft de plannen uit te voeren. Ook in China worden nog steeds veel belangrijke economische beslissingen door de centrale overheid genomen. De burgers bij centrale leiding kunnen alleen kiezen uit het door de overheid samengestelde consumptiegoederenpakket. Zij hebben consumptievrijheid. Zij kunnen geen invloed uitoefenen op de samenstelling van dit pakket. Met *meerjarenplannen* probeert de centrale overheid de productie van eindproducten, halffabricaten en grondstoffen op elkaar af te stemmen.

Het andere ordeningsbeginsel is de *vrije ruilverkeershuishouding* of de *vrije markteconomie*. In de vrije markteconomie worden de investeringsbeslissingen overgelaten aan de ondernemers. De ondernemers vormen met de consumenten de *particuliere of private sector*. Er is particuliere of private eigendom van de productiemiddelen. Prijzen komen tot stand op markten. De centrale overheid bepaalt de prijzen *niet*. Omdat de prijzen op markten tot stand komen vindt er afstemming van de gevraagde en aangeboden hoeveelheden op elkaar plaats door het *prijsmechanisme*. Als de gevraagde hoeveelheid goederen groter is dan de aangeboden hoeveelheid gaan de prijzen van die goederen stijgen. Die stijging van de prijzen maakt het voor ondernemers dan weer aantrekkelijker meer aan te bieden.

De aangeboden hoeveelheid neemt toe. Door een lagere gevraagde hoeveelheid van goederen dan de aangeboden hoeveelheid gaan prijzen dalen. Dat is minder aantrekkelijk voor ondernemers. Zij verminderen dan de aangeboden hoeveelheid.

De centrale overheid in de vrije ruilverkeershuishouding maakt geen meerjarenplannen. Zij baseert haar beleid op globale voorspellingen. De producenten richten het consumptiegoederenpakket op de voorkeuren van de consumenten anders verkopen zij niets. Er is sprake van *consumentensoevereiniteit*. Producenten proberen wel de voorkeuren van de consumenten te beïnvloeden. Bijvoorbeeld met reclame.

De belangrijkste kenmerken van centrale leiding en van de vrije ruilverkeershuishouding zijn in schema 1.5 nog eens op een rijtje gezet

Centrale leiding	Vrije ruilverkeershuishouding
Overheid bezit de kapitaalgoederen	*Particuliere sector bezit de kapitaalgoederen*
Overheid neemt de investeringsbeslissingen	*Particuliere sector neemt de investeringsbeslissingen*
Overheid stelt de prijzen vast (informatieprobleem)	*Prijzen komen tot stand op markten (prijsmechanisme)*
Meerjarenplannen	*Globale voorspellingen*

5

Bevelseconomie	Vrije markteconomie
Consumptievrijheid	Consumentensoevereiniteit

Schema 1.5: Centrale leiding en vrije ruilverkeershuishouding

Schema 1.5 laat zien dat de verschillen tussen de twee typen economische orde groot zijn. Misschien is wel het belangrijkste verschil dat bij centrale leiding de overheid de prijzen vaststelt en bij de vrije ruilverkeershuishouding niet. De overheid bij centrale leiding heeft een informatieprobleem. Zij kent niet van alle producten de gevraagde en aangeboden hoeveelheden. Daarom ontstaan er van sommige producten die weinig mensen willen hebben aanbodoverschotten en van andere producten juist tekorten. Ondernemers in de vrije ruilverkeershuishouding zitten daar juist bovenop. Voor hen geldt dat informatieprobleem niet of veel minder.

1.3 Nederlandse gemengde economische orde

Omdat in onze economie de ondernemers, de particuliere sector, de belangrijke investeringsbeslissingen zelf nemen en omdat tegelijkertijd ook de centrale overheid grote invloed heeft, is de Nederlandse economisch orde een *gemengde*. Er zijn in Nederland naast grote particuliere ondernemingen, zoals AKZO-Nobel, Koninklijke Olie (Shell), Unilever en de RABO-banken veel particuliere middenstandsondernemingen. Een voorbeeld is een verse broodjeswinkel op de hoek gedreven door een echtpaar. De grote ondernemingen vormen samen met de middenstandsondernemingen (het midden- en kleinbedrijf) en de consumenten de particuliere sector. Dit betekent dat voor grote delen van de Nederlandse economie de prijzen op markten tot stand komen. De overheid financiert of betaalt bijvoorbeeld de onderwijssector en de sector van de sociale zekerheid. In die delen van de economie stelt de overheid de prijzen vast. In de particuliere sector overheerst het *markt- of prijsmechanisme*. In de collectieve sector overheerst het *budgetmechanisme* of begrotingsmechanisme. Bij het marktmechanisme zijn vraag en aanbod doorslaggevend. Bij het budgetmechanisme bepaalt het parlement wat de overheid mag uitgeven en wat de inkomsten van de overheid zijn. Het parlement bepaalt ook de prijzen die de centrale overheid mag vragen voor geleverde diensten. Bijvoorbeeld de hoogte van het collegegeld.

Particuliere sector	Collectieve sector
Marktmechanisme	Budgetmechanisme
Prijzen bepaald	Prijzen bepaald
door vraag/aanbod	door de overheid

Schema 1.6: Verschil particuliere sector en collectieve sector bij de vrije ruilverkeershuishouding

1.4 Doelstellingen en instrumenten van de economische politiek van de overheid

In Nederland stelt de centrale overheid zich een aantal doelstellingen:

- Het bevorderen van duurzame economische groei
- Het bereiken van een stabiel prijsniveau
- Het bereiken van volledige werkgelegenheid
- Het bereiken van een evenwichtige inkomensverdeling
- Het bereiken van een evenwichtige betalingsbalans

Om deze doelstellingen te bereiken beschikt de centrale overheid over een aantal instrumenten:

- Het begrotingsbeleid
- Het juridische beleid
- Monetair beleid
- Fiscaal beleid

De doelen van de centrale overheid zijn politiek bepaald. Maar de doelen zijn hier zo neutraal mogelijk geformuleerd. Neem bijvoorbeeld het doel 'volledige werkgelegenheid'. Bij de formulering volledige werkgelegenheid zijn er nog nauwelijks politieke meningsverschillen. Over de manier waarop poli-

7

tici dit doel willen bereiken bestaan die politieke meningsverschillen wel. Dit geldt ook voor de andere doelen. Het doel 'evenwichtige inkomensverdeling' heeft veel verschillende politieke interpretaties.

In deze paragraaf volgt de toelichting op de doelen van de economische politiek. In de volgende paragraaf 1.5 volgt de toelichting op de instrumenten van de economische politiek.

De doelen van het economisch beleid

- Het bevorderen van duurzame economische groei.

Een definitie van *economische groei* is de systematische of trendmatige groei van het BBP. Maar deze definitie houdt geen rekening met de milieukant van economische groei. De meeste mensen zitten niet te wachten op meer fabrieken met ernstige milieuvervuiling. Het is daarom beter van *duurzame economische groei* of *duurzame ontwikkeling* te spreken. Toekomstige generaties hebben belang bij een duurzame leefomgeving. De centrale overheid bevordert duurzame economische groei door aan te sluiten bij de oorzaken van duurzame economische groei. Zij kan met bijvoorbeeld milieuheffingen niet-duurzame groei afremmen en met subsidies bijvoorbeeld op windmolens of hybride auto's duurzame groei bevorderen.

Oorzaken van duurzame economische groei zijn:

1. Technische vernieuwing
2. Vernieuwende wetgeving
3. Onderwijs

Ad 1. Technische vernieuwing

De technische vernieuwing is exogeen of endogeen. Bij een *exogene technische ontwikkeling* neemt de centrale overheid de technische ontwikkeling als gegeven aan. De centrale overheid kan aan uitvinders een octrooi geven. Het octrooi geeft de uitvinder gedurende een aantal jaren het alleenrecht of monopolie op de verkoop of productie van de uitvinding. De uitvinder krijgt zo de mogelijkheid de vruchten van zijn uitvinding te plukken. Bij een *endogene technische ontwikkeling* probeert de overheid de technische ontwikkeling zelf te beïnvloeden. De uitgaven van de centrale overheid voor onderwijs zijn op te vatten als een investering in kennisontwikkeling van de jongeren. Deze investering moet technische vernieuwing uitlokken. Daarnaast stimuleert de centrale overheid de verspreiding of *diffusie van technische kennis*. Met name het gebruik van internet leidt tot een snellere verspreiding van technische kennis. Verder kan de overheid voorlichting geven of laten geven over technische vernieuwingen.

Ad 2. Vernieuwende technische ontwikkeling

Ook vernieuwende wetgeving of regelgeving kan leiden tot meer duurzame groei.

    a. Als bijvoorbeeld de centrale overheid hogere eisen stelt aan de CO_2-uitstoot van auto's komen er meer hybride auto's op de markt. De particuliere autofabrikanten passen hun productie aan de nieuwe eisen aan.

    b. Het meer op zondag openstellen van winkels leidt tot lagere kosten van gebouwen voor winkeliers en daarmee tot meer groei.

    c. Het ontslagrecht soepeler maken door de duur van uitkeringen in te perken, leidt er toe dat ondernemers makkelijker nieuwe werknemers aannemen. Dat leidt weer tot meer groei.

    d. In Duitsland besloot de overheid in 2011 niet langer door te gaan met de productie van kernenergie. Dit besluit heeft grote invloed op de ontwikkeling van nieuwe energievormen. Met name windenergie.

- Het bereiken van een stabiel prijsniveau

Stabiele prijzen geven ondernemers een grote mate van zekerheid bij het nemen van hun investeringsbeslissingen. Stabiele prijzen geven consumenten een grote mate van zekerheid bij het aankopen van consumptiegoederen. Sterk stijgende prijzen of *inflatie* maakt ondernemers en consumenten onzeker. De ondernemers kunnen minder investeren met hetzelfde bedrag. Hierdoor zien zij hun rendementen uithollen. De koopkracht van de consumenten daalt. Het in toom houden van inflatie is in Nederland de taak van de Europese Centrale Bank (ECB) in Frankfurt. De Nederlandsche Bank (DNB) is de Nederlandse tak van de ECB. Zij zorgt net als de andere nationale centrale banken voor de uitvoering van het beleid van de ECB. De ECB mikt op maximaal 2% prijsstijging per jaar in de gehele eurozone. Daarmee voorkomt zij *deflatie* of prijsdalingen. Sterke prijsdalingen vergroten de koopkracht van de consumenten, maar verlagen de rendementen van de ondernemers. De eurozone bestaat uit 18 landen (zie later) die de euro gebruiken. De ECB voert vooral rentebeleid, daarover later meer. De *reële groei* is de toename van de productieve mogelijkheden. Meer productieve mogelijkheden leiden tot meer transacties in de economie. Als er in de eurozone meer transacties plaats vinden zorgt de ECB ervoor dat daarvoor voldoende geld aanwezig is. Door inflatie te voorkomen ontstaat meer zekerheid voor consumenten en ondernemers.

- Het bereiken van volledige werkgelegenheid

Zeven magere jaren wisselen zeven vette jaren af volgens de overlevering. Dit is een eerste beschrijving van de golfbeweging in de economie. Met die golfbeweging hangt de werkgelegenheid samen. In een periode van opgang stijgt de werkgelegenheid. Het omgekeerde gebeurt bij een economische neergang. In een *recessie* of economische neergang dalen de consumptieve aankopen sterk. Het eerste bij de duurzame consumptiegoederen, zoals auto's en wasmachines. Ondernemers krijgen grotere voorraden en gaan minder produceren en investeren. Er ontstaat werkloosheid. De rente zal dalen door minder vraag naar leningen. Zo'n lage rentestand kan ook weer het begin zijn van economisch herstel. Omdat de rente laag is, kunnen ondernemers goedkoper lenen voor het doen van investeringen. Consumenten lenen ook makkelijker waardoor zij meer aankopen kunnen doen.

- Het bereiken van een evenwichtige inkomensverdeling

In Nederland kennen wij een *progressief belastingtarief.* De hoogste inkomens betalen procentueel meer belasting. De progressie van de inkomstenbelasting heeft een nivellerend effect. De inkomensverschillen worden kleiner door *nivellering.* Door de progressie vindt via de centrale overheid *herverdeling* van inkomen plaats. *Subsidies* werken in het algemeen ook nivellerend. Bij subsidies aan lagere inkomens is dat ook zo. Maar als subsidies gaan naar hogere inkomens is het gevolg juist denivellerend. Bijvoorbeeld bij het subsidiëren van kunst.

- Het bereiken van een evenwichtige betalingsbalans

Op de betalingsbalans staan de economisch verrichtingen met het buitenland vermeld gedurende een kalenderjaar. Nederland voert meer uit dan het invoert. Het onderdeel van de betalingsbalans waarop dit wordt geregistreerd heet *lopende rekening.* Het geld dat hieruit overblijft, belegt Nederland via banken of pensioenfondsen dikwijls in het buitenland. De registratie hiervan staat op de *kapitaalrekening* van de betalingsbalans. Het tekort of overschot staat van beide rekeningen samen genoteerd op de *salderingsre-kening*.

> Betalingsbalans
>
> Lopende rekening
>
> Kapitaalrekening
>
> Salderingsrekening

Schema 1.7: Schema van de betalingsbalans

1.5 De instrumenten van de economische politiek

De instrumenten van de economische politiek zijn:

- Begrotingsbeleid
- Juridisch beleid
- Fiscaal beleid
- Monetair beleid.

Evenals bij de doelen van de economische politiek is de formulering van de instrumenten neutraal. De politieke meningsverschillen over een goede begrotingspolitiek kunnen leiden tot verhitte discussies. Moet de overheid bijvoorbeeld meer besteden in een recessie of juist bezuinigen? Deze opmerking geldt ook voor de andere twee instrumenten. De antwoorden op de politieke discussies liggen bij het parlement.

Nu volgt de toelichting op de instrumenten van de economische politiek.

De instrumenten van de economische politiek

- Het begrotingsbeleid van de centrale overheid

Het beleid van de centrale overheid is erop gericht, dat de collectieve sector structureel een klein overschot of positief EMU-saldo heeft van 3% van het BBP. Dit streven is enorm verstoord door de bankencrisis van 2010/2011. Later wordt de berekeningswijze van het EMU-saldo toegelicht. De afkorting *EMU* staat voor *Economische en Monetaire Unie*. Het EMU-saldo is negatief en daarom neemt de staatsschuld toe. Over de staatsschuld is in de EMU afgesproken dat die 60% van het BBP mag zijn. Nu is veel van de staats- schuld van Nederland een rechtstreeks gevolg van de bankencrisis. De ren- telasten van een staatsschuld vormen een nadeel omdat zij andere uitgaven van de overheid verdringen.

- Het juridische beleid.

Ook met wetgeving probeert de centrale overheid de economie van Neder- land te stimuleren. Het versoepelen van vestigingseisen is een voorbeeld. Ook het mogelijk maken om een BV (Besloten Vennootschap) op te richten zonder de eis van het hebben van een startkapitaal is een voorbeeld. Bij het arbeidsmarktbeleid is versoepeling van het ontslagrecht een voorbeeld.

- Het fiscale beleid

Milieuheffingen op allerlei producten vormen een onderdeel van het fiscale beleid. Ook extra heffingen op tabak horen hiertoe.

- Het monetair beleid

Doordat Nederland is toegetreden tot de eurozone heeft het land zijn mone- tair beleid uit handen gegeven aan de ECB (de Europese Centrale Bank). Het Europese stelsel van centrale banken komt in hoofdstuk 2 van deel 1 aan de orde. Voor ondernemers is het handig dat zij niet voor elke transactie geld moeten wisselen. Het hebben van één munt biedt grote handelsvoorde- len. Uiteraard zijn er ook nadelen, daarover later meer.

In deze paragraaf zijn de instrumenten van de economische politiek behan- deld. In de vorige paragraaf de doelen van de economische politiek. De for- mulering van de doelen en van de instrumenten is zo neutraal mogelijk. Toch moet worden bedacht dat uiteindelijk zowel de doelen als de instru- menten politiek zijn bepaald. Uit de theorie kun je niet afleiden dat de cen- trale overheid moet streven naar duurzame groei. In Nederland bestaat daarover geen meningsverschil tussen politici. Dit geldt ook voor volledige werkgelegenheid. Er is geen economische theorie die zegt dat er volledige werkgelegenheid moet zijn. Als de centrale overheid de begroting wil gebruiken om de economie te beïnvloeden is er geen economische theorie die zegt dat je dat moet doen. Wel kan de economische theorie er bij helpen om aan te geven hoe je dat moet doen, als je de begroting daarvoor wilt gebruiken.

1.6 De allocatie en de verdeling

De centrale overheid heeft grote invloed op het economisch leven. Zij beïnvloedt zowel de *allocatie* als de *verdeling*. De allocatie heeft betrekking op het plaatsen of de inzet van productiemiddelen. Door minder of juist meer uit te geven remt of stimuleert de centrale overheid de economie. Met haar uitgaven kan zij de inzet van productiemiddelen in een bepaalde richting sturen. Met de verdeling beïnvloedt zij de inkomensverschillen en gevoelens van rechtvaardigheid. Extreme inkomensverschillen vormen aanleiding voor maatschappelijke onrust.

Sommige goederen kan de particuliere sector niet verkopen. Dat zijn collectieve goederen. *Collectieve goederen* zijn goederen die twee eigenschappen hebben. In de eerste plaats kunnen zij *niet exclusief* aan één iemand worden geleverd. In de tweede plaats kan niemand van het gebruik van deze goederen worden uitgesloten als zij geleverd zijn. Zij zijn in het gebruik *niet rivaliserend*. Een dijk is een voorbeeld. Is de dijk er eenmaal dan beschermt de dijk iedereen die erachter woont. Bovendien is niemand van het gebruik maken van de dijk uit te sluiten. Het gebruik door de een zit het gebruik door de ander niet in de weg. Ook het leger kan als voorbeeld dienen. Niemand is van het gebruik ervan uit te sluiten en het gebruik is ook niet rivaliserend. Zowel de buurman als ik zijn beschermd.

	Collectieve goederen	Individuele goederen
Gebruik	*niet rivaliserend*	*rivaliserend*
Na productie	*niemand van gebruik*	*de eigenaar kan iedereen*
en levering	*uit te sluiten*	*van gebruik uitsluiten*
	(niet exclusief)	*(exclusief)*

Schema 1.8: Collectieve goederen en individuele goederen.

13

Schema 1.8 vat een en ander nog eens samen. Toch is nuancering nodig. De dijk rondom de Purmer is door particuliere Amsterdamse kooplieden betaald. Er bestaan wel degelijk particuliere huurlegers.

Omdat collectieve goederen niet exclusief zijn en omdat zij niet rivaliserend zijn, kunnen zij niet via de markt worden verkocht. Want als de goederen er eenmaal zijn, kan niemand van het gebruik worden uitgesloten, of er voor is betaald of niet. Dit in tegenstelling tot *individuele goederen*. Een voorbeeld van een individueel goed is een dvd-speler. Je koopt en betaalt de speler in een winkel en vervolgens gebruik je de speler individueel en je kunt iedereen van het gebruik ervan uitsluiten.

Gebruikers van collectieve goederen kunnen betaling ontwijken. Daarom moet de overheid die goederen leveren. Want zij kan de betaling van deze goederen opleggen aan de burgers via belastingheffing of prijzen zoals bij een paspoort of identiteitsbewijs. Individuele goederen zijn per individu verkoopbaar. Afdwinging van de betaling door de centrale overheid is daarom bij individuele goederen niet nodig.

Nederland behandelt veel individuele goederen alsof het collectieve goederen zijn. Twee voorbeelden: wegen en onderwijs. In theorie zou elke weg een tolweg kunnen zijn, individueel leverbaar. Bovendien hinderen automobilisten elkaar dikwijls bij het gebruik van een weg. Denk aan de vele files. Toch levert in Nederland de centrale overheid de wegen. Op elke hoek een tolhuisje zou de verkeersdoorstroming behoorlijk hinderen. Regelmatig keert de discussie over elektronisch tol heffen terug. Door elektronisch tol te heffen is het gebruik van wegen makkelijk te individualiseren. Ook onderwijs is individueel leverbaar. Iemand kan al zijn lessen zelf inkopen. Bijlessen zijn meestal individueel. In Nederland betaalt de overheid het onderwijs (grotendeels) als investering in een toekomstig goed geschoolde beroepsbevolking. Dat komt de groei ten goede. Goederen die individueel leverbaar zijn maar die de overheid toch levert alsof het om collectieve goederen gaat, heten *quasi-collectieve goederen*. In Nederland bestaan naast de publieke omroepen die door de overheid worden gesubsidieerd commerciële omroepen. De overheid beïnvloedt via radio en tv de meningsvorming. De zelfstandige omroeporganisaties in Nederland geven echter tegenwicht. Zij zorgen echter voor pluriformiteit in de meningsvorming.

Ook kan de overheid het gebruik van goederen stimuleren of juist afremmen. De overheid beïnvloedt de allocatie vooral met geboden en verboden. Een bromfietshelm is verplicht, vuurwapens zijn verboden. Goederen waar-

14

van de overheid het gebruik stimuleert heten *merit-goederen*, een voorbeeld is de gemeentebibliotheek. Bibliotheken zijn gesubsidieerd waardoor de leenprijs lager uitvalt. Het gebruik van *demerit-goederen* remt de overheid af bijvoorbeeld uit volksgezondheids-overwegingen af. Een voorbeeld is tabak. Op tabak heft de overheid extra belasting, waardoor tabak duurder is. het duurder maken van tabak moet ertoe leiden dat er minder wordt gerookt.

Samenvattend ziet het voorgaande er als volgt uit.

	Kenmerk	Voorbeeld
Collectieve goederen	niet exclusief leverbaar niet rivaliserend in gebruik	dijk, leger
Quasi-collectieve goederen	individuele goederen die de overheid behandelt als collectieve goederen	wegen, onderwijs
Individuele goederen	exclusief leverbaar rivaliserend in gebruik	brood, dvd's
o Merit-goederen o Demerit-goederen o Verplichte goederen o Verboden goederen	overheid stimuleert gebruik overheid remt het gebruik overheid verplicht het gebruik overheid verbiedt het gebruik	bibliotheken tabak bromfietshelm vuurwapens

Schema 1.9: Indeling van goederen naar type

Een boeiend onderdeel in dit schema zijn de goederen die de centrale over-heid verbiedt of waarvan de centrale overheid het gebruik wil afremmen. Het is bekend dat het zwaarder belasten van tabak leidt tot een zwart circuit in de handel van sigaretten. Het *zwarte circuit* vormt een illegaal deel van de economie dat door de centrale overheid niet is toegestaan. Ook het verbie-den van het gebruik en de verkoop van goederen zoals harddrugs leidt tot een zwart circuit. Zo zijn er wel degelijk vuurwapens in omloop.

1.7 Politieke organisatie van Nederland

In Nederland is sprake van een *representatieve democratie*. De kiezers kiezen de *Tweede Kamer* met 150 volksvertegenwoordigers rechtstreeks. De politieke partijen in de Tweede Kamer laten via radio, televisie en pers met grote regelmaat van zich horen. Na de verkiezingen wordt een *kabinet* gevormd op basis van een meerderheid in de Tweede Kamer. In 2011 werd voor het eerst in Nederland een minderheidskabinet gevormd met gedoogsteun van een partij die geen ministers in het kabinet had. Het kabinet bestaat uit de ministers van de politieke partijen. De *regering* in Nederland bestaat uit het kabinet plus de koning. Het politieke debat vindt plaats in de Tweede Kamer. De Eerste Kamer heeft tot taak de voorstellen voor nieuwe wetten, ingediend door de regering en de Tweede Kamer te toetsen. De leden van de Eerste Kamer worden gekozen door de leden van provinciale staten. Deze verkiezing vindt binnen drie maanden na de verkiezing van de leden van provinciale staten plaats. Dit is een 'getrapte' verkiezing. De leden van de Eerste Kamer worden dus niet rechtstreeks door de kiezers gekozen. De Eerste Kamer heeft 75 leden. De Eerste Kamer heeft niet het recht van *amendement*. Dat betekent dat de Eerste Kamer geen wetwijzigingsvoorstellen mag doen. Samen vormen de Eerste Kamer en de Tweede Kamer de *Staten Generaal*.

De *Provinciale Staten* in Nederland zijn de volksvertegenwoordigers binnen een provincie. Zij worden rechtstreeks gekozen. De hoofdtaak van de Provinciale Staten is het controleren van het provinciebestuur, de *Gedeputeerde Staten* en het toezicht houden op de gemeenten in verband met de ruimtelijke ordening. De commissaris van de Koning vertegenwoordigt de regering in de provincie. Hij is voorzitter en lid van Gedeputeerde Staten, het dagelijks bestuur van de provincie. Hij is bovendien voorzitter van de Provinciale Staten, maar is daar geen lid van. De Koning benoemt de commissaris voor 6 jaar. Leden van de Provinciale Staten (Statenleden) worden iedere vier jaar rechtstreeks door de stemgerechtigde inwoners van de provincie gekozen. Het aantal leden is afhankelijk van het inwonertal. Op hun beurt kiezen deze gekozenen weer de leden van de Gedeputeerde Staten en zoals gezegd de leden van de Eerste Kamer.

Staten Generaal

Tweede Kamer	Eerste Kamer
150 leden, rechtstreeks gekozen door de kiezers	*75 leden, gekozen door de leden van de provinciale staten*

Schema 1.10: Verkiezingen in Nederland

De *gemeenteraad* bestaat uit de rechtstreeks gekozen volksvertegenwoordigers, de raadsleden, in een gemeente. Het *gemeentebestuur* bestaat uit *wethouders* en de burgemeester. De *burgemeester* wordt voor 6 jaar benoemd door de Koning en is voorzitter van het gemeentebestuur en de gemeenteraad.

1.8 Derde dinsdag in september

Op de derde dinsdag in september maakt de koning een rijtoer door Den Haag. Vanaf paleis Noordeinde rijdt hij dan naar de Ridderzaal waar hij de leden van de Staten Generaal toespreekt. De troonrede is geschreven door het *kabinet*. De *troonrede* bestaat uit de beleidsplannen van het kabinet voor het komende kalenderjaar. De troonrede geeft de beleidsdoelstellingen van het kabinet weer en de middelen waarmee of de manier waarop het kabinet de doelstellingen wil bereiken. Na het voorlezen van de troonrede door de Koning biedt de *minister van Financiën* aan de leden van de Tweede Kamer de begrotingen van de afzonderlijke ministeries aan. Deze *begrotingen* geven voor het komende kalenderjaar een overzicht van de voorgenomen uitgaven en ontvangsten van de centrale overheid. Zij hebben het karakter van een wetsvoorstel. Zodra het wetsvoorstel door de Tweede en Eerste kamer is aangenomen heeft de begrotingswet een taakstellend karakter. Dat wil zeggen dat de minister verplicht is de begroting uit te voeren. Ook biedt de minister van Financiën de Miljoenennota aan. De *Miljoenennota* bestaat uit een samenvatting van de rijksbegroting en geeft de beleidsvisie van het kabinet weer hoe deze past in de algemene economische situatie. De gegevens voor deze visie komen mede van het *Centraal Planbureau (CPB)*. Het CPB maakt een voorspelling voor het komende kalenderjaar van de Nederlandse economie. Deze voorspelling heet de *Macro Economische Verkenning (MEV)*. De MEV is gebaseerd op een aantal uitgangspunten. Onder andere het te verwachten beleid van het kabinet. Later, in maart van het betreffende kalenderjaar maakt het CPB een nauwkeuriger voorspelling. Die voorspelling heet het *Centraal Economisch Plan (CEP)*. Hierna in tabel 1.2 met kerngegevens over de Nederlandse economie staan de voorspellingen uit de MEV van 2010 voor 2011. De tabel begint met voorspellingen over de internationale conjunctuur. De verwachting is dat de wereldhandel met 5¼% zal stijgen in 2011 ten opzichte van 2010. Het woordje relevant geeft aan dat er gewichten zijn toegekend aan de landen waarmee Nederland handel drijft. Duitsland telt zwaarder mee dan Ivoorkust. De stijging van de wereldhandel in 2011 leidt tot een stijging van het BBP in 2011 met 1½ %. Deze stijging van het BBP zal niet leiden tot een lager niveau van werkloosheid in 2011. Het tekort van de collectieve sector, het EMU-saldo zal in 2011 3,9% van het BBP zijn. Door het tekort stijgt de schuld van de collectieve sector, de EMU-schuld, van 64,5% naar 66,2% van het BBP. De stijging van 64,5 naar 66,2 is een stijging van 2,6%. De afkorting *EMU* staat voor de *Economische en Monetaire Unie*, die in hoofdstuk 2 ter sprake zal komen. Er staan talrijke andere cijfers in deze tabel. De cijfers zijn voor 2011 voorspellingen en moeten worden opgevat als indicaties. De olieprijs zou volgens de voorspelling in 2011 wat lager moeten uitkomen dan in 2010. Het belang van die voorspelling is niet of de voorspelling exact uitkomt, maar in welke richting de olieprijs zich zal ontwikkelen.

Het CPB doet haar voorspelling onafhankelijk van de overheid. Maar zonder inzicht in het beleid dat het kabinet wil gaan voeren kan het CPB niet voorspellen. Anderzijds kan het kabinet op grond van de voorspellingen van het CPB het te voeren beleid nog veranderen. Een te voeren beleid dat zou leiden tot aanzienlijk meer werkloosheid volgens de CPB-voorspelling, zal een kabinet juist niet uitvoeren. Voordat het CPB op de 3ᵉ dinsdag in september de MEV publiceert, zijn al meerdere voorspellingen door het kabinet bekeken.

Kerngegevens voor Nederland

	2010	2011
	mutaties in % per jaar	
Internationale conjunctuur		
Relevante wereldhandel	9	5 ¼
Prijspeil goedereninvoer	6 ¾	¾
Concurrentieprijs	4	¾
Olieprijs (Brent, niveau in dollars per vat)	76	75
Eurokoers (dollar per euro)	1,29	1,25
Lange rente (niveau in %)	3 ¼	3 ¾
Volume besteding en buitenlandse handel		
Bruto binnenlands product (BBP)	1 ¾	1 ½
Consumptie huishoudens	½	¾
Overheidsbestedingen	½	- ¼
Bruto investeringen bedrijven (exclusief woningen)	-5 ½	2 ¾
Uitvoer van goederen (exclusief energie)	2 ¾	7 ½
w.v. binnenlands geproduceerd	8 ¼	3
Invoer van goederen	11 ¼	6
Prijzen, lonen en koopkracht		
Prijspeil goederenuitvoer (exclusief energie)	4 ¾	¾
Prijsconcurrentiepositie[1]	- 2	¼
Consumentenprijsindex (cpi)	1 ¼	1 ½
Contractloon marktsector	1	1 ½
Loonsom per arbeidsjaar marktsector	2	3
Koopkracht, mediaan alle huishoudens	- ½	- ¼
Arbeidsmarkt		
Beroepsbevolking (personen)	- ½	- ¼
Werkzame beroepsbevolking	- 1 ¼	- ¼
Werkloze beroepsbevolking (niveau in %)	5 ½	5 ½
Werkloze beroepsbevolking (niveau in dzd personen)	435	435

Marktsector[2]

---

[1] Concurrentieprijs minus uitvoerprijs binnenlands geproduceerde goederen.

[2] Bedrijven exclusief zorg, delfstoffenwinning en onroerend goed sector.

19

Productie	1 ¾	2
Arbeidsproductiviteit	4 ¼	2 ¼
Werkgelegenheid in arbeidsjaren	- 2 ¼	- ¼
Prijs toegevoegde waarde	2 ¼	1
Reële arbeidskosten	0	2
	niveaus in %	
Arbeidsinkomensquote	77 ¼	76¾
Winstquote[3]	11 ¾	13½

Collectieve financiën

EMU-saldo (% BBP)	- 5,8	- 3,9
EMU-schuld (% BBP)	64,5	66,2
Collectieve lasten	37,9	38,5

Tabel 1.2: Kerngegevens van de Nederlandse economie

Bron: MEV 2010

De onderstaande tabel 1.3 geeft de begrote uitgaven en inkomsten van de collectieve sector weer voor het jaar 2011.

Begrote uitgaven en inkomsten in miljoenen euro	*2011*
Inkomsten collectieve sector	280.084
Uitgaven collectieve sector	304.418
Tekort van de collectieve sector of EMU-saldo	24.334

Tabel 1.3: Het tekort van de collectieve sector

Bron: Rijksoverheid 2010

Het bedrag van ruim 24 miljard euro is 4% van het BBP van 615 miljard euro. Dit stemt overeen met het EMU-saldo uit tabel 1.1. Het saldo wordt gewoonlijk uitgedrukt in procenten van het BBP. Het kabinet Rutte nam zich in 2010 voor in de komende kabinetsperiode van vier jaar een bedrag van €18 miljard te bezuinigen. Het EMU-saldo kan om twee redenen dalen. Het bedrag zelf kan kleiner worden en het BBP kan groeien. Als het BBP met 1½% stijgt en het bedrag van het tekort zou gelijk blijven dan wordt het EMU-saldo zo'n 2½% lager. Dit is het noemereffect van het EMU-saldo. Zo

---

[3] Van productie in Nederland, marktsector exclusief banken en verzekeringen.

lang de collectieve sector een tekort heeft, groeit de staatsschuld. Het EMU-saldo is inclusief de aflossingen en de rente die de collectieve sector op leningen moet betalen. Dit tekort wordt ook wel het primaire tekort of begrotingstekort genoemd. Als de aflossingen buiten beschouwing worden gelaten ontstaat inzicht in het secundair tekort (saldo)of financieringstekort (saldo). In tabel 1.4 is een en ander samengevat.

Inkomsten collectieve sector	280
Uitgaven collectieve sector (inclusief aflossingen)	304
EMU saldo van de collectieve sector	- 24
Aflossingen en rente	33
Secundair - of financieringstekort	+ 9

Tabel 1.4 Het primair en secundair tekort

In het kader van de EMU bestaat de afspraak om de staatsschuld niet hoger te laten zijn dan 60% van het BBP. Door de economische crisis in het bijzonder de bankencrisis heeft de centrale overheid moeten bijspringen bij de bankensector. Daarom is dat percentage nu hoger. Ook in andere EMU-landen is dit percentage hoger. In tabel 1.5 staat een overzicht van de Nederlandse staatsschuld van de jaren 2008 tot en met 2011.

EMU-schuld van Nederland in procenten van het BBP.

2008	2009	2010	2011
58,2	60,8	64,4	66,0

Tabel 1.5: De ontwikkeling van de staatsschuld van 2008 – 2011

Bron: Miljoenennota 2013

1.9 Begroting nader bekeken

In deze paragraaf staat een begrotingshoofdstuk van de uitgaven van de *centrale overheid* volgens de Miljoenennota 2011.

Uitgaven 2011 in miljoenen euro van de centrale overheid

De koning	39
Staten-Generaal	137
Overige colleges van Staat	116
Algemene zaken	69
Koninkrijksrelaties	134
Buitenlandse Zaken	11792
Justitie	5991
Binnenlandse Zaken	6126
Onderwijs, Cultuur en Wetenschap	36780
Financiën	9525
Defensie	8459
Volkshuisvesting, Ruimtelijke Ordening en Milieubeheer	1068
Verkeer en Waterstaat	9085
Economische Zaken	3055
Landbouw, Natuurbeheer en Voedselkwaliteit	2627
Sociale Zaken en Werkgelegenheid	25881
Gemeentefonds	18111
Provinciefonds	1143

Tabel 1.5: uitgaven begrotingen in 2011

Bron: Miljoenennota 2011

Uit deze tabel blijken duidelijk de grootste uitgavenposten: Onderwijs, Sociale Zaken en Werkgelegenheid, en het Gemeentefonds. Ook buitenlandse zaken scoort hoog. In het Gemeentefonds fonds stort de centrale overheid uitkeringen aan de gemeenten ter dekking van hun uitgaven. Nu volgt tabel 1.6 met de belangrijkste inkomstenbronnen van de overheid. De inkomsten van de overheid bestaan uit belastingontvangsten, premies van de werknemersverzekeringen en niet belastingontvangsten. De belastingontvangsten bestaan uit directe en indirecte belastingen. Een *directe belasting* staat in principe in verband met inkomensvorming. Een *indirecte belasting* staat in principe in verband met iemands uitgaven. Bij de premies van de werknemersverzekeringen zijn de premies voor de Wet werk en inkomen naar arbeidsvermogen (WIA) en de Werkloosheidswet (WW) een voorbeeld. Werknemersverzekeringen zijn voor iedere werknemer verplicht. Bij de niet-belastingontvangsten zijn de aardgasbaten een belangrijke bron. Ook inkomsten van de overheid uit deelnemingen in ondernemingen vallen onder de niet-belastingontvangsten. Het gaat bijvoorbeeld om winstuitkeringen van staatsbedrijven zoals De Nederlandsche Bank en de NS.

Inkomsten 2011 in miljoenen euro

Indirecte belastingen		**70247**
Omzetbelasting	41233	
Accijnzen	11228	
Bijzondere verbruiksbelasting	1898	
Directe belastingen en premies volksverzekeringen		**104382**
Loonheffing	88757	
Vennootschapsbelasting	14220	
Premies werknemersverzekeringen		**50040**
Niet belastingontvangsten		**30995**
Aardgasbaten	9900	

Tabel 1.6: inkomsten in 2011

Bron: Miljoenennota 2011

De tabel laat zien dat de loonheffing een veel grotere inkomstenbron voor de overheid is bij de directe belastingen dan de vennootschapsbelasting. De overheid int ook de premies voor de volksverzekeringen zoals de AOW (Algemene Ouderdoms Wet). Een volksverzekering is verplicht voor iedereen die in Nederland werkt of woont.

Bij de indirecte belastingen is de omzetbelasting (BTW: belasting op de toegevoegde waarde) de grootste post. De bijzondere verbruiksbelasting moet worden betaald bij de aankoop van een auto of motor.

1.10 Begrotingscyclus

Het opstellen, uitvoeren en controleren van de begroting heet een begrotingscyclus. Het is een omvangrijke taak. Een begrotingscyclus omvat 4 jaar. Hierna staat een schema van de begrotingscyclus.

Jaar 1

november

Brief van de minister van Financiën (MvF) aan de overige ministers om hun begrotingen te gaan opstellen.

Jaar 2

maart

De minister van Financiën stuurt aan de overige ministers een kaderbrief. In deze brief moet hij aangeven met welke bedragen sommige uitgavenposten omlaag kunnen. Politici spreken van ombuigingen. Deze brief wordt besproken in de ministerraad.

Mei

De minister van Financiën stuurt een totalenbrief aan de vakministers. Een opsomming van alle veranderingen die een kabinet wil doorvoeren.

Ook in mei sturen de overige ministers hun eerste opzet van begroting, hun primitieve begroting op naar de minister van Financiën.

Juni

De overige ministers voeren ieder afzonderlijk overleg met de minister van Financiën. Het bilateraal overleg. Vakministers ⇔ MvF

Juli

De vakministers sturen hun ontwerpbegrotingen naar de minister van Financiën.

Augustus

Vaststelling ontwerpbegrotingen en Miljoenennota in de ministerraad.

September

Op de derde dinsdag gaat de miljoenennota naar de Staten Generaal.

Oktober – december

Algemene beschouwingen in de tweede kamer. Daarna definitieve vaststelling van de begrotingswetten.

Jaar 3

Januari – mei

Maandelijks overleg van januari tot en met mei tussen de vakministers en de ministers van Financiën over de uitvoering van de begroting.

Vakministers ⇔ MvF

Mei

De minister van Financiën informeert de Staten Generaal over de uitvoering van de begrotingen in de Voorjaarsnota.

September

De minister van Financiën meldt de vermoedelijke uitkomsten van de Miljoenennota aan de Staten Generaal.

November

De minister van Financiën stuurt de najaarsnota met de vermoedelijke uitkomsten aan de Staten Generaal

Jaar 4

Februari

De minister van Financiën stuurt de voorlopige rekening met einduitkomsten naar de Staten Generaal.

April- Augustus

In deze periode krijgen de vakministers decharge. Dit betekent de goedkeuring van de uitvoering van hun begroting. Hierbij speelt de Algemene Rekenkamer een belangrijke rol.

De Algemene Rekenkamer is onafhankelijk van de regering en onderzoekt jaarlijks het gevoerde financiële beleid en het materieelbeheer. Hiertoe behoren onder meer administraties, de jaarverslagen, saldibalansen, de totstandkoming van de informatie over het gevoerde beleid en de bedrijfsvoering. De Algemene Rekenkamer brengt verslag van haar controle werkzaamheden uit aan het parlement.

Dit overzicht van de begrotingscyclus laat zien dat het opstellen, het uitvoeren en het controleren van de begroting een ingewikkeld en langdurig proces is dat niet makkelijk in een uurtje is te veranderen. Omdat de minister van Financiën belast is met het toezicht op de uitvoering van de begrotingen is van het ministerie van Financiën op elk ander ministerie een vertegenwoordiger aanwezig, die permanent in de gaten houdt of het andere ministerie zich aan de uitvoering van de door het parlement goedgekeurde begroting houdt. De minister van Financiën kan dan vroegtijdig ingrijpen als een begroting of een begrotingsonderdeel van een ander ministerie dreigt te ontsporen. De minister van Financiën heeft de bevoegdheid om hogescholen en universiteiten te controleren. Hogescholen en universiteiten ontvangen veel subsidies. De minister mag ingrijpen bij verkeerd gebruik van de subsidies. Zelfs als de accountant een jaarverslag al heeft goedgekeurd. De accountant kan zich dan niet beroepen op geheimhoudingsplicht. De accountant is niet aansprakelijk voor schade.

Ook de Algemene Rekenkamer kan instellingen die veel subsidie ontvangen controleren en inzage in accountantsrapporten verlangen.

Samenvatting

Dit hoofdstuk had de begroting als centraal thema. Het begrip begroting had hier vooral betrekking op de begroting van de centrale overheid. De invloed van de EU op de begroting is groot. Er moet voldaan zijn aan twee belangrijke eisen: het tekort van de collectieve sector beneden de 3% BBP. Staatsschuld niet hoger dan 60% van het BBP. In Nederland en vele andere EU-landen is dit tekort hoger dan die 3%. De staatsschuld is ook hoger dan de afgesproken 60% van het BBP. Dit alles heeft te maken gehad met de enorme omvang van de bankencrisis. De Nederlandse economische orde is gemengd. Naast een grote particuliere sector is er ook een relatief grote "overheidssector". Tot de belangrijke doelen van het economisch beleid behoren de volledige werkgelegenheid en een stabiel prijsniveau. Hiertoe kan de overheid beschikken over meerdere middelen zoals verandering van wet- en regelgeving.

2   De Europese Unie (EU)

Inleiding

Dit hoofdstuk gaat over de Europese Unie. Nederland is lid van de Europese Unie die grote invloed heeft op de economie van ons land. De Europese Unie stelt allerlei eisen waaraan ons land en de andere lidstaten moeten voldoen. Zo zijn er eisen gesteld waaraan de begroting van Nederland moet voldoen. Het EMU-saldo (het tekort van de collectieve sector) mag niet lager zijn dan 3% van het Nederlandse BBP en de staatsschuld niet hoger dan 60% van het BBP. Het bestuur van de van de Europese Unie is voorname-lijk in Brussel gevestigd. De politieke discussie over de Europese Unie gaat meestal over de vraag of besluiten in 'Brussel' of in 'Den Haag' moeten wor-den genomen. De kern van de Europese Unie is de 'gemeenschappelijke markt'. Personen, goederen en diensten moeten zich vrij van de ene lidstaat naar de andere lidstaat kunnen verplaatsen. Om die vrijheid te kunnen reali-seren, is het noodzakelijk dat alle nationale overheden van de lidstaten zich aan de uniforme spelregels hiervoor houden. Dat laatste houdt in dat een aantal nationale bevoegdheden moet worden overgeheveld naar Brussel.

2.1 Het Nederlandse lidmaatschap van de EU

Het Nederlandse lidmaatschap van de Europese Unie is regelmatig voorpa-ginanieuws in de kranten. Waarom is Nederland lid van de EU? Levert het lidmaatschap van de EU Nederland wel voordelen op? Zijn er nadelen aan het EU-lidmaatschap verbonden? Hierna komen antwoorden op deze vra-gen.

Waarom is Nederland lid van de EU.

De aanleiding voor het lidmaatschap heeft een historische achtergrond. Na de 2e wereldoorlog hebben in 1951 zes landen (West-Duitsland, Frankrijk, Italië, Nederland, België en Luxemburg) het oprichtingsverdrag van de Eu-ropese Gemeenschap voor Kolen en Staal (EGKS) ondertekend. Dit was een eerste stap op weg naar de vereniging van Europa. De centrale gedachte hierbij was, dat als in het bijzonder Duitsland en Frankrijk meer handel met elkaar drijven hun economieën dichter bij elkaar zouden komen. Duitsland kan kolen exporteren naar Frankrijk en Frankrijk staal naar Duitsland. Naarmate de economieën van beide landen meer verstrengelen wordt een oorlog voor beide schadelijker. Het verbinden van de economieën van beide landen leidt ook tot sterkere politieke samenwerking. Duitsland wordt economisch geïntegreerd met de rest van Europa. Er komt geen nieuwe gruwelijke oorlog zoals Europa die in de vorige eeuw heeft gekend. Door het ontstaan van één Europese markt ontstaat ook meer politieke samenwerking.

In 1957 werd de samenwerking uitgebreid. Het Europa van de zes landen sloot ook het Verdrag van Rome, waarbij de Europese Economische Gemeenschap (EEG) en de Europese gemeenschap voor Atoom Energie (Euratom) werden opgericht. Later werden deze drie gemeenschappen samengevoegd tot de Europese Gemeenschap (EG).

In 1973 traden het Verenigd Koninkrijk, Ierland en Denemarken toe. In 1981 trad Griekenland toe. In 1985 werd het Schengenakkoord getekend. Hierbij werden de interne grenscontroles door België, Nederland, Luxemburg, Frankrijk en Duitsland afgeschaft. In 1986 traden Spanje en Portugal toe. Na de val van de muur in 1989 is een aantal Oost-Europese landen toegetreden, onder meer Polen en Tsjechië. In 1995 traden Finland en Zweden toe. Met de komst van Kroatië in 2013 doen nu 28 landen mee. De euro in 18 landen betaalmiddel. Figuur 2.1 toont de kaart met de landen van de EU.

Figuur 2.1. De 28 lidstaten van de Europese Unie

In 2009 trad het verdrag van Lissabon in werking. Het verdrag van Lissabon komt later in dit hoofdstuk ter sprake. In schema 2.1 zijn de belangrijkste data voor de EU weergegeven.

De belangrijkste data op een rij

1951 oprichting van de EGKS

1957 verdrag van Rome

1973 VK, Denemarken en Ierland treden toe

1981 Griekenland treedt toe

1985 Schengenakkoord

1986 Spanje en Portugal treden toe

1989 Val van de Berlijnse muur.

Duitse eenwording, Oost-Europese landen kunnen toetreden

1992 Het verdrag van Maastricht

1995 Finland en Zweden treden toe

1999 Geboorte van de euro

2009 Het verdrag van Lissabon

2010 Begin van de crisis van de eurozone

2013 Kroatië treedt toe

Schema 2.1 De ontstaansgeschiedenis van de EU

Uit schema 2.1 komt naar voren dat de EU is uitgebreid. Ook is de samenwerking tussen de lidstaten hechter. Het verdrag van Lissabon en het ontstaan van de euro hebben daartoe bijgedragen. Later in dit hoofdstuk komt dit ter sprake.

Levert het lidmaatschap van de EU Nederland wel voordelen op?

De beantwoording van de tweede vraag over de voordelen van de EU voor Nederland komt nu aan de orde. Landen kunnen in het economische vlak op verschillende manieren met elkaar samenwerken. Zij kunnen verdragen sluiten voor een vrijhandelsassociatie, een douane-unie of een economische unie.

       a. Vrijhandelsassociatie
       b. Douane-unie
       c. Economische unie

a. *Vrijhandelsassociatie*

Een vrijhandelsassociatie heeft als kenmerk dat de lidstaten elkaar onderling geen invoerrechten laten betalen. Zij handhaven wel hun eigen invoertarieven voor niet-lidstaten of derde landen. Om te voorkomen dat derde landen de lidstaat zouden kiezen met het laagste invoertarief en vervolgens binnen de vrijhandelsassociatie vrij zouden kunnen doorvoeren naar de lidstaten met hogere invoertarieven, zijn certificaten van oorsprong verplicht. Bij doorvoer moet dan worden bijbetaald. Een direct voordeel voor de handel van een vrijhandelsassociatie is het vervallen van de invoertarieven tussen de lidstaten onderling. Ook de transactiekosten als gevolg van strenge douanecontroles komen dan te vervallen. Hierdoor krijgt de onderlinge handel een stimulans. De EFTA is een voorbeeld. De letters EFTA staan voor European Free Trade Association. De EFTA is de vrijhandelsassociatie tussen de EU, Noorwegen en IJsland, Zwitserland en Liechtenstein. Ook de NAFTA (North American Free Trade Association) is een voorbeeld van een vrijhandelsassociatie in dit geval tussen Canada, Mexico en de VS.

b. *Douane-unie*

De voordelen van de vrijhandelsassociatie worden versterkt door een douane-unie te sluiten. De lidstaten van de douane-unie spreken bovendien af om voor alle derde landen één gemeenschappelijk invoertarief te hanteren. Hiermee komen ook de transactiekosten van de controle van certificaten van oorsprong te vervallen. Een bekende douane-unie uit de geschiedenis was de Benelux een verdrag tussen België, Nederland en Luxemburg.

c. *Economische unie*

In een economische unie gaat de samenwerking tussen de lidstaten nog verder dan in een douane-unie. Niet alleen willen de lidstaten de handelsvoordelen behalen van de douane-unie. Maar door het voeren van een gemeenschappelijk economisch beleid willen de lidstaten één onderlinge markt scheppen. Hierdoor zijn nog meer handelsvoordelen te bereiken. Ook is het geldkapitaalverkeer vrij. Dat wil zeggen dat verplaatsing van geldkapitaal zonder belemmering van de ene naar de andere lidstaat mogelijk is. De burgers van de lidstaten hebben het recht zich vrij te vestigen en te werken in elk land uit de unie waar zij willen. De EU is een voorbeeld van een zeer uitgebreide economische unie. Bovendien hebben 19 lidstaten de euro als gemeenschappelijk betaalmiddel. Deze lidstaten vormen een monetaire unie. Hierdoor is de onderlinge markt nog verder versterkt en nog meer een geheel geworden. Met één betaalmiddel komen de onderlinge concurrentieverhoudingen scherper bloot te liggen. Tegelijk is er meer samenwerking nodig.

De voordelen van economische samenwerking tussen landen hebben vooral betrekking op het handelsverkeer, het betaalverkeer en het geldkapitaalverkeer. Er vallen kosten van grensoverschrijdingen weg. Afzetgebieden zijn groter. Voor Nederland als handelsland zijn deze voordelen van groot belang. Duitsland, Frankrijk en het Verenigd Koninkrijk zijn de belangrijkste handelspartners van Nederland. Grote ondernemingen, grote beleggers en banken kunnen makkelijk geld overmaken van het ene EU-land naar het andere. Het telkens moeten omwisselen van geld gaat met grote kosten gepaard.

Zijn er nadelen aan het EU-lidmaatschap verbonden?

Natuurlijk zijn er ook nadelen verbonden aan samenwerkingsvormen tussen lidstaten. Die nadelen zijn vooral van politieke aard. Bij het sluiten van een vrijhandelsassociatie geeft een land een stukje soevereiniteit op. Het afschaffen van onderlinge invoerrechten leidt hiertoe. Bij de douane unie geeft een land ook de eigen invoerrechten op ten opzichte van derde landen. Bij de economische unie met een gemeenschappelijk economisch beleid staat een lidstaat nog meer bevoegdheden af. Er is in de EU altijd een spanningsveld tussen wat op nationaal niveau wordt besloten en wat gemeenschappelijk wordt besloten in Brussel. Naast de politieke nadelen zijn er ook economische nadelen. Handelsstromen met derde landen verminderden. Dit is vooral duidelijk bij het Verenigd Koninkrijk dat de handel met de voormalige Gemenebest landen in betekenis zag afnemen. De snelle verplaatsbaarheid van het geldkapitaal leidt tot meer economische onzekerheid.

Voor een handelsland als Nederland met Rotterdam en Schiphol als belangrijke invoer- en doorvoerhavens wegen de voordelen aanzienlijk op tegen de nadelen.

Het belangrijkste politieke voordeel blijft het bestaan van vrede in Europa na de Tweede Wereldoorlog die eindigde in 1945. Dit politieke voordeel leidt ook tot welvaartswinst.

In schema 2.2 staan enkele voor- en nadelen op een rij.

Voordelen (economisch)	Nadelen (economisch)
meer handelsverkeer tussen lidstaten	minder handelsverkeer met derde landen
geen verrekening van invoerrechten	meer onderlinge afhankelijkheid
vrij geldkapitaalverkeer	meer onzekerheid in het geldkapitaalverkeer

Voordelen (politiek)	Nadelen (politiek)
Onderlinge afhankelijkheid voorkomt oorlogen in Europa	afstaan van nationale bevoegdheden aan "Brussel"

Schema 2.2 Voordelen en nadelen van een economische unie

2.2   De doelstellingen van de EU

De doelstellingen van de EU zijn:

a. gemeenschappelijke markt met *vrij verkeer* van

    i.   personen
    ii. goederen, diensten
    iii. en geldkapitaal

b. gemeenschappelijk invoertarief ten opzichte van niet-lidstaten

c. gemeenschappelijk beleid op het gebied van de landbouw,
visserij en mededinging

d. gemeenschappelijk monetair beleid in de EMU (Dit komt later aan de orde)

e. handelsverdragen met niet-lidstaten

a. gemeenschappelijke markt

i.   In principe mag iedere EU-burger zich vestigen en werken in de EU waar zij of hij wil. Maar culturele- en taalverschillen vormen hier een feitelijke belemmering. In de VS is een verhuizing van New Hampshire naar Californië geen probleem. In Europa is een verhuizing van Finland naar Spanje dat gewoonlijk wel.

ii. Voor een handelsland als Nederland is vrij verkeer van goederen en diensten van grote betekenis. Vrij verkeer houdt in dat geen invoerrechten worden geheven over producten die vanuit een andere lidstaat komen. Duitsland bijvoorbeeld is de belangrijkste afnemer van Nederlandse producten. De doorvoer naar Duitsland is ook van grote betekenis. De Rotterdamse haven is ook prominent voor de doorvoer van producten uit China naar andere lidstaten. Voor het wel en wee van de Rotterdamse haven zegt men voor de grap zijn twee argumenten: Duitsland en China.

iii. Vrij verkeer van geldkapitaal vergemakkelijkt het geldverkeer tussen banken. Burgers, grote ondernemingen en beleggingsinstellingen profiteren hiervan. De   gemeenschappelijke markt functioneer beter.

b. gemeenschappelijk buitentarief

Als een ondernemer uit een niet-lidstaat of een derde land goederen invoert in de EU betaalt die ondernemer, waar hij ook invoert in de EU overal het zelfde invoertarief.

c. gemeenschappelijk beleid

In de EU gaat zo'n 30% van de begroting naar landbouw, waaronder ook de visserij valt. Zie figuur 2.2.

2.3   Uitgaven van de Europese Unie

Op 15 december 2010 stemde het Europees Parlement in met een begroting van 141,9 miljard euro voor 2011

De EU-begroting voor 2011

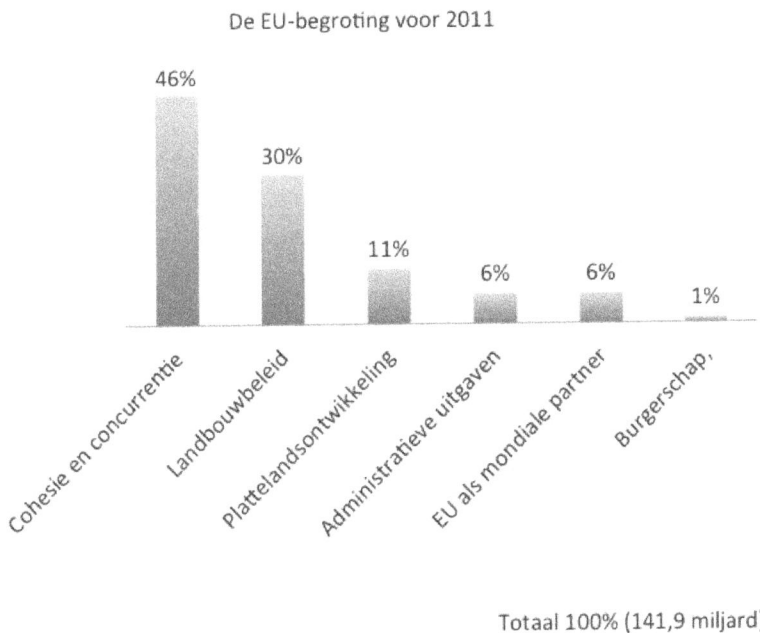

Totaal 100% (141,9 miljard)

Figuur 2.3 de EU-begroting voor 2011

Het Europese landbouwbeleid was erop gericht dat elke burger in de EU voldoende voedsel kon krijgen tegen redelijke prijzen. Bovendien moesten boeren een redelijk inkomen krijgen. Vroeger leidde dit Europese landbouwbeleid tot grote melkplassen, boterbergen, en wijnplassen. Dat kwam door gegarandeerde minimumprijzen waaronder niet mocht worden verkocht. Hierdoor produceerden boeren meer dan er gevraagd werd wat tot de overschotten leidde. Die overschotten werden dan verkocht tegen afbraakprijzen op de wereldmarkt buiten de EU. Daardoor kregen boeren uit ontwikkelingslanden geen eerlijke kans om hun producten te verkopen. Landbouwbeleid en plattelandsontwikkeling samen vormen ruim 40% van de begroting.

Belangrijke punten van het Europese landbouwbeleid zijn:

- Het regelen van de markt voor agrarische producten.
- Het vaststellen van de prijzen en de te produceren hoeveelheden. De prijzen moeten in de buurt komen van marktprijzen.
- Ontwikkelingslanden krijgen meer kansen hun producten in de EU te verkopen.
- Het regelen van de voedselveiligheid en – kwaliteit
- Boeren krijgen meer subsidie als zij minder dieren per hectare houden en als hun bedrijf bijdraagt aan duurzaamheid.

Het landbouwbeleid is politiek geladen. Vooral Frankrijk verzet zich tegen het verminderen van landbouwsubsidies. Frankrijk maakt in tegenstelling tot andere lidstaten niet openbaar aan wie of welke instellingen het de subsidie uitkeert.

Het visserijbeleid is vooral gericht op het voorkomen van overbevissing door het instellen van visquota. Deze visquota geven aan elke lidstaat het recht om een bepaald maximum aan vis te vangen.

Door het mededingingsbeleid moet de Europese consument meer keuzemogelijkheden krijgen tegen lagere prijzen. Dit wordt bereikt door het bevorderen van de concurrentie. Misbruik van economische machtsposities is verboden. In 2013 kreeg Microsoft van de Europese Commissie een boete van 561 miljoen euro. De onderneming had bijna anderhalf jaar lang niet het beloofde browserkeuzescherm getoond aan nieuwe gebruikers van Windows 7. Prijsafspraken tussen ondernemers zijn ook verboden. Voorgenomen fusies moeten worden aangemeld en goedgekeurd. Want er mogen geen economische machtsposities ontstaan die tot machtsmisbruik leiden. Concurrentievervalsing verstoort de werking van de gemeenschappelijke markt. Staatsbedrijven moeten private ondernemingen worden. Staatssteun aan ondernemingen staat onder toezicht.

d. monetair beleid (Dit komt later in dit hoofdstuk aan de orde)

e. handelsverdragen met derde landen

Met een aantal niet-lidstaten, bijvoorbeeld rondom de Middellandse zee, zijn verdragen gesloten waardoor die landen makkelijker naar de EU kunnen exporteren. Die verdragen hebben het karakter van een vrijhandelsassociatie of van een douane-unie. Met sommige ontwikkelingslanden zijn afspraken gemaakt om vrijelijk naar de EU te kunnen importeren. De in §1 genoemde EFTA is een voorbeeld van een vrijhandelsassociatie. Tussen de VS en de EU zal binnen afzienbare tijd een vrijhandelsovereenkomst worden gesloten.

2.4 De Structuur van de Europese Unie

De EU kent 28 lidstaten. In tabel 2.1 staat de lijst van de lidstaten, alsmede het aantal inwoners per lidstaat en het aantal stemmen per lidstaat in de *Raad van de Europese Unie* of *Europese Raad* of nog korter 'de Raad' en het aantal zetels van een lidstaat in het Europese Parlement. Na tabel 2.1 komt de toelichting op deze begrippen.

Lijst van de lidstaten van de EU (Landen EU gesorteerd op alfabet)

nr	land	inwoners (x1000)		opp. (km²x1000)		BNP ($, miljard)		raad		parlement	
	Totaal	509.692		4.482,1		16.452,1		352		766	
1.	België	10.444	2,0%	30,5	0,7%	427,2	2,6%	12	3,4%	22	2,9%
2.	Bulgarije	6.982	1,4%	110,9	2,5%	105,5	0,6%	10	2,8%	18	2,3%
3.	Cyprus	1.155	0,2%	9,3	0,2%	24,0	0,1%	4	1,1%	6	0,8%
4.	Denemarken	5.606	1,1%	44,5	1,0%	215,1	1,3%	7	2,0%	13	1,7%
5.	Duitsland	81.147	15,9%	357,0	8,0%	3.250,0	19,8%	29	8,2%	99	12,9%
6.	Estland	1.266	0,2%	45,2	1,0%	29,6	0,2%	4	1,1%	6	0,8%
7.	Finland	5.266	1,0%	338,1	7,5%	200,7	1,2%	7	2,0%	13	1,7%

37

		opp		BNP		raad		parlement	
8.	Frankrijk	65.952	12,9%	643,8	14,4%	2.291,0	13,9%	29 8,2%	74 9,7%
9.	Griekenland	10.773	2,1%	132,0	2,9%	281,4	1,7%	12 3,4%	22 2,9%
10.	Hongarije	9.939	2,0%	93,0	2,1%	198,8	1,2%	12 3,4%	22 2,9%
11.	Ierland	4.776	0,9%	70,3	1,6%	195,4	1,2%	7 2,0%	12 1,6%
12.	Italië	61.482	12,1%	301,3	6,7%	1.863,0	11,3%	29 8,2%	73 9,5%
13.	Kroatië	4.476	0,9%	56,6	1,3%	79,7	0,5%	7 2,0%	12 1,6%
14.	Letland	2.178	0,4%	64,6	1,4%	37,9	0,2%	4 1,1%	9 1,2%
15.	Litouwen	3.516	0,7%	65,3	1,5%	66,1	0,4%	7 2,0%	12 1,6%
16.	Luxemburg	515	0,1%	2,6	0,1%	42,9	0,3%	4 1,1%	6 0,8%
17.	Malta	411	0,1%	0,3	0,0%	11,4	0,1%	3 0,9%	6 0,8%
18.	Nederland	16.805	3,3%	41,5	0,9%	718,6	4,4%	13 3,7%	26 3,4%
19.	Oostenrijk	8.222	1,6%	83,9	1,9%	364,9	2,2%	10 2,8%	19 2,5%
20.	Polen	38.384	7,5%	312,7	7,0%	814,1	4,9%	27 7,7%	51 6,7%
21.	Portugal	10.799	2,1%	92,1	2,1%	250,6	1,5%	12 3,4%	22 2,9%
22.	Roemenië	21.790	4,3%	238,4	5,3%	277,9	1,7%	14 4,0%	33 4,3%
23.	Slovenië	1.993	0,4%	20,3	0,5%	58,9	0,4%	4 1,1%	8 1,0%
24.	Slowakije	5.488	1,1%	49,0	1,1%	134,1	0,8%	7 2,0%	13 1,7%
25.	Spanje	47.371	9,3%	505,4	11,3%	1.434,0	8,7%	27 7,7%	54 7,0%
26.	Tsjechië	10.163	2,0%	78,9	1,8%	291,7	1,8%	12 3,4%	22 2,9%
27.	Verenigd Koninkrijk	63.672	12,5%	244,4	5,5%	2.388,2	14,5%	29 8,2%	73 9,5%
28.	Zweden	9.119	1,8%	450,3	10,0%	399,4	2,4%	10 2,8%	20 2,6%
	Totaal	509.692		4.482,1		16.452,1		352	766

opp: oppervlakte; BNP: Bruto Nationaal Product; raad: aantal stemmen in de Raad van Ministers; parlement: aantal vertegenwoordigers in het Europese parlement.
Tabel 2.1 De lidstaten van de EU met hun bevolkingsaantallen en de stem- en zetel verdeling (Bron: Europa nu)

38

Macedonië en op termijn Servië zullen lid worden. Of Turkije ook op termijn lid zal worden, is onderwerp van politieke discussie.

Tabel 2.1 laat zien dat Duitsland 29 stemmen in de Europese Raad heeft. Nederland heeft 13 stemmen. Ten opzichte van het aantal inwoners in beide landen heeft Nederland veel stemmen en Duitsland weinig. Dit geldt ook voor het Europese Parlement. Duitsland heeft bijna vier maal zoveel zetels als Nederland. Maar de Duitse bevolking is vijf maal zo groot als die van Nederland. België bijvoorbeeld was verontwaardigd dat Nederland 13 stemmen kreeg in de Raad en België maar 12. Frankrijk en het Verenigd Koninkrijk hebben evenveel stemmen als Duitsland in de Europese Raad. Hun bevolkingsaantallen zijn kleiner dan die van Duitsland. Hetzelfde geldt voor het Europese Parlement.

Het aantal stemmen in de Europese Raad en het aantal zetels in het Europese Parlement is na langdurige en vaak moeizame politieke discussies vastgesteld.

In de *Europese Raad* zijn de regeringen van de 28 lidstaten van de EU vertegenwoordigd. De Raad komt in wisselende samenstelling bijeen al naar gelang het onderwerp. Wanneer de ministers van Financiën bij elkaar komen om te vergaderen over de Griekse of Cypriotische schulden, is dat een bijeenkomst van de Raad. Deze bijeenkomst van de ministers van Financiën heet ook wel Ecofin. De Nederlandse minister van Financiën woont de vergaderingen van Ecofin bij. De Nederlandse minister van Financiën is voorzitter van Ecofin. Ook als de ministers van Landbouw in Brussel bijeenkomen, is dat een bijeenkomst van de Raad. De belangrijkste vergadering van de Raad is de bijeenkomst van de premiers van de lidstaten (voor Nederland premier Rutte) en de Franse president. De Raad oefent samen met het Europees Parlement de wetgevings- en begrotingtaak uit. Dit houdt in dat de Raad goedkeuring moet geven aan elk wetsvoorstel van de Europese Commissie en aan elke voorgestelde EU-begroting. Nationale regeringen oefenen via de Raad invloed uit in de EU. De Raad neemt ook beslissingen over het buitenland- en veiligheidbeleid. Vaak komen de Duitse bondskanselier, mevrouw Merkel, en de Franse president, Hollande, voordat de Raad vergadert bijeen. Officieel is dat geen bijeenkomst van de Raad. Maar hun besluiten zijn meestal wel doorslaggevend voor de Raad en daarmee voor de hele EU. De *Europese Commissie* vormt het 'dagelijks bestuur' van de EU. De leden van de Europese Commissie zijn de 'eurocommissarissen'. Elke eurocommissaris is verantwoordelijk voor één of meerdere beleidsgebieden. Momenteel zijn er 28 eurocommissarissen, voor elke lidstaat één.

Samen vormen zij het college van eurocommissarissen. De eurocommissarissen moeten het belang van de Europese Unie als geheel behartigen, niet dat van hun eigen land. De Europese Commissie kan haar eigen voorstellen pas uitvoeren na toestemming van de Raad en het Europese parlement. De inwoners van de lidstaten van de EU kunnen de leden van het *Europese Parlement* om de vijf jaar rechtstreeks kiezen. Het Europese Parlement bestaat uit maximaal 766 leden plus de voorzitter. Het parlement kan wijzigingen indienen op de voorstellen van de Europese Commissie waarna het parlement samen met de Europese Raad een beslissing neemt. Het parlement heeft samen met de Europese Raad medebeslissingsbevoegdheid over de begroting van de EU. In 2013 keurde het Europese Parlement de begroting af ondanks de goedkeuring van de Raad. Het Europese Parlement wilde meer bezuinigingen aanbrengen in de begroting. De Europese Commissie moet dan het begrotingsvoorstel herzien. Daarna moeten de Raad en het Europese Parlement opnieuw met het gewijzigde begrotingsvoorstel instemmen. Ook moet het parlement de benoeming van eurocommissarissen goedkeuren. De Europese Commissie is het toporgaan van de EU. Zij kan voorstellen doen maar heeft de toestemming nodig van de Raad en het Parlement om die voorstellen ook te kunnen uitvoeren.

Het Europese Hof van Justitie moet zorgen voor de eerbiediging en toepassing van het Europese recht. Het Europese Hof van Justitie bestaat uit het Hof van Justitie zelf en het Gerecht van eerste aanleg. Omdat zoveel zaken aanhangig werden gemaakt bij het Hof is het Gerecht van eerste aanleg opgericht. Het Gerecht van eerste aanleg is gespecialiseerd in mededingingsregels en in het hoger beroep van burgers uit de EU-landen. Het Hof van Justitie van de Europese Unie is gevestigd in Luxemburg. De ECB voert het monetaire beleid voor de eurozone. De ECB is in Frankfurt gevestigd.

In schema 2.3 is een en ander nog eens samengevat.

Europese commissie (dagelijks bestuur van de EU)

maakt *wetsvoorstellen* en *begrotingsvoorstellen*

en is belast met de *uitvoering* ervan na

goedkeuring door:

Europese Raad en het **Europese Parlement**

Hof van Justitie

Europese Centrale Bank (ECB)

Schema 2.3: Hoofdstructuur van de EU

De Europese Commissie heeft de volgende taken:

a. het maken van wetsvoorstellen (richtlijnen en verordeningen)
b. controle van de naleving van richtlijnen en verordeningen
c. vertegenwoordiging van de commissie in de Europese Raad
d. het maken van de EU-begroting

De EU kan *richtlijnen* (Engelse term *directive*) uitvaardigen voor de lidstaten. Richtlijnen zijn regels waaraan alle lidstaten van de EU moeten voldoen. Het beoogde resultaat staat vast, maar hoe een lidstaat daaraan voldoet niet. De lidstaten mogen zelf bepalen hoe ze de richtlijn uitwerken. Wel moeten zij zich houden aan een van te voren afgesproken einddatum. Daarbij kunnen ze rekening houden met de specifieke situatie in hun eigen land. Richtlijnen zijn heel precies omschreven.

Voorbeelden van richtlijnen.

Het beveiligingssysteem voor passagiers van motorvoertuigen op twee wielen.

Voor de medepassagier moet een beveiligingsriem en een handgreep zijn gemonteerd, die aan strenge eisen (uitgedrukt in Newtons en Megapascals) moeten voldoen.

De Europese aanbesteding.

> Als de Nederlandse overheid een tunnel wil laten bouwen moet iedere Europese ondernemer de kans krijgen de opdracht te verwerven en mag niet onderhands aan een Nederlandse ondernemer de opdracht worden verstrekt.

De arbeidstijdrichtlijn.

> Deze richtlijn schrijft minimum rusttijden en maximum arbeidstijden voor. Vooral het VK heeft zich hiertegen verzet.

De EU kan ook *verordeningen* (Engelse term: *regulations*) uitvaardigen. Verordeningen bevatten regels die direct gelden voor alle lidstaten van de EU. Dit wordt 'rechtstreekse werking' genoemd. Verordeningen hebben dezelfde status als nationale wetten in de lidstaten. Verordeningen worden vastgesteld door de Europese Raad al of niet samen met het Europese parlement of door de Europese Commissie.

> Voorbeelden van verordeningen:

> Bescherming van de namen van landbouwproducten.

> Parmaham mag alleen uit Parma komen, Edammerkaas alleen uit Edam.

> Het vaststellen voor 2013 van visquota.

> De vangstmogelijkheden voor EU-vaartuigen voor sommige visbestanden en groepen visbestanden is vastgelegd.

Het Europese *Hof van Justitie* en het Gerecht van eerste aanleg moeten ervoor zorgen dat de richtlijnen en verordeningen die in Europa gemaakt worden, goed worden toegepast. De richtlijnen en de verordeningen samen vormen de Europese wetten of het gemeenschapsrecht. Zij moeten in alle landen worden uitgevoerd, zodat het niet uitmaakt of je in Nederland of in Polen woont. Het Hof van Justitie en het Gerecht van eerste aanleg kijken daarom bijvoorbeeld ook of rechters in Nederland de Europese wetten wel goed toepassen. Zij oordelen over overtredingen van Europese regels, en over het niet nakomen door lidstaten van gemaakte afspraken en verplichtingen die uit de Verdragen voortvloeien. Bijvoorbeeld op het gebied van de mededinging.

2.5 Het verdrag van Lissabon en besluitvorming

Op het terrein van immigratie- en asielbeleid, criminaliteitsbestrijding, en delen van de justitiële samenwerking zal stemming bij unanimiteit in de Raad van Ministers plaats maken voor het stemmen met een gekwalificeerde meerderheid. Voor defensiebeleid, buitenlands beleid, en het vaststellen van de begroting van de EU blijft het vetorecht bestaan. Dit is geregeld in het verdrag van Lissabon van 2009.

De kosten van het uitvoeren van een besluit nemen in principe af naarmate meer landen vóór een besluit zijn. Daartegenover staan de kosten van het op één noemer krijgen van alle landen. Die kosten nemen toe naarmate er meer landen bij de besluitvorming zijn betrokken. De uitbreiding van de EU van 15 naar 28 lidstaten maakte het noodzakelijk om over te gaan van unanieme besluitvorming naar besluitvorming met een gekwalificeerde meerderheid. Kennelijk werden de kosten van het op één noemer krijgen van de lidstaten te hoog. Omdat sommige lidstaten hun vetorecht wilden behouden bij het buitenlandse beleid, het defensiebeleid en het EU-begrotingsbeleid bestaat voor die beleidsonderdelen nog steeds de unanimiteitsvereiste.

Stemming bij unanimiteit betekent dat een besluit alleen kan worden genomen als alle lidstaten er voor zijn. Eén lidstaat kan een besluit dus tegenhouden en heeft het *vetorecht*. Dit leidt soms tot langdurige vergaderingen. Vaak eist een land op de een of andere manier compensatie als voorwaarde om toch vóór te stemmen.

Bij het stemmen met een *gekwalificeerde meerderheid* kunnen er wel tegenstemmers zijn. De meerderheid moet aan een aantal eisen voldoen wil het besluit geldig zijn. De Raad van Ministers kan met gekwalificeerde meerderheid een voorstel aannemen wanneer het voorstel ten minste 260 van de 352 stemmen krijgt, en minimaal 15 lidstaten vóór stemmen. Ten minste de helft plus één van alle lidstaten moet aanwezig zijn om over voorstellen te stemmen, anders kan er niet over het voorstel worden gestemd. Door niet altijd bij unanimiteit te hoeven stemmen maar ook het stemmen met een gekwalificeerde meerderheid toe te staan wordt de besluitvorming slagvaardiger en minder tijdrovend.

2.6   De economische crisis

In de VS stegen de prijzen van de huizen vanaf 2000 tot 2006 met zo'n 10% per jaar. Een belangrijke achtergrond hiervan was dat de VS werden overspoeld met dollars uit China en olieproducerende landen. Binnen deze landen bestond niet de mogelijkheid om die dollars te beleggen. Deze dollars werden vooral belegd in Amerikaanse staatsobligaties. Tekorten van de VS werden zo gedekt door deze uit het buitenland komende dollars. Ook leidde de aanwezigheid de buitenlandse dollars tot een lage rentestand in de VS. Het nemen van een hypotheek op een huis was daarom goedkoop. Hierdoor werd het kopen van een huis voor veel mensen ineens bereikbaar. Bovendien bleven de prijzen van de huizen stijgen en had iedereen het gevoel weer wat rijker te zijn geworden. Ook de koersen van de aandelen stegen met wel 2% per maand. Veel Amerikaanse banken spreidden hun risico in de hypotheekmarkt door hun hypotheekportefeuille door te verkopen aan andere banken over de hele wereld. Uiteindelijk spatte de zeepbel uit elkaar. Veel Amerikanen konden de aflossingen en rentebetalingen niet meer opbrengen. Zij hadden de mogelijkheid om hun hypothecaire leningen ineens op te zeggen. Amerikaanse banken zagen de waarde van hun activa (bezittingen) drastisch dalen. En in hun voetspoor ook de Europese banken. Het faillissement van de Amerikaanse bank Lehman Brothers op 15 september 2008 luidde een lange periode van economische onzekerheid in. Die onzekerheid in de financiële wereld sloeg over naar de reële economie. Banken zagen hun eigen vermogen verpieteren omdat de aandelenkoersen en de huizenprijzen gingen dalen. Zij werden minder solvabel en konden moeilijker uitlenen aan bedrijven en particulieren. De kredietcrisis was een feit.

De Nederlandse banken en veel andere Europese banken waren in de jaren negentig van de vorige eeuw sterk gegroeid en geïnternationaliseerd. Zij werden met uitzondering van de RABO-banken sterk aangetast door de kredietcrisis. Grote steunoperaties van de Nederlandse overheid waren nodig om banken zoals ING overeind te houden. ABNAMRO werd zelfs genationaliseerd. De RABO-banken ontsprongen de dans omdat deze banken niet hadden belegd in Amerikaanse hypotheken. De steunoperaties van de overheid waren nodig om de banken voor een ondergang te behoeden en het betalingsverkeer in Nederland gaande te houden.

De verzwakte positie van de banken in Europa verergerde nog verder door de schuldencrisis van overheden in het eurogebied. Een aantal landen had zich niet gehouden aan de afspraak om het financieringstekort lager te houden dan 3% van het BBP. Gedeeltelijk was dit veroorzaakt door de bankencrisis van 2008. Door de steunbedragen van de overheid die hiermee waren gemoeid liep bijvoorbeeld de Nederlandse staatsschuld op tot boven de 400 miljard euro. Dat overtreft de toegestane 60%. Begin 2012 was in Nederland het begrotingstekort 4,2% van het BBP. Dat is hoger dan de toegestane 3% van het BBP. Het Nederlandse kabinet reageerde hierop door bezuinigingen aan te kondigen en uit te voeren.

In de PIIGS-landen was de situatie nog erger. PIIGS is een afkorting voor: Portugal, Ierland, Italië, Griekenland en Spanje. Deze landen hielden zich al tijden niet meer aan het vereiste tekort van maximaal 3% van het BBP en een staatsschuld van maximaal 60% van het BBP. De overheden van deze landen kwamen in de problemen met hun rente- en aflossingsverplichtingen. In normale omstandigheden hebben staatsobligaties weinig risico. Maar als landen problemen krijgen met hun betalingsverplichtingen is dat niet meer zo. Veel banken uit onder andere Frankrijk en Duitsland hadden belegd in staatsobligaties van de PIIGS. Hun solvabiliteitspositie werd dus nog verder uitgehold. De Griekse overheid verschafte zelfs valse gegevens over haar begrotingstekort. In 2009 was het Griekse begrotingstekort feitelijk 15,7% van het BBP, terwijl de overheid een kleine 4% opgaf. Het Italiaanse begrotingstekort viel wel mee in 2011, namelijk 4,2%. Maar de Italiaanse staatsschuld bedroeg 119% van het BBP. Het Spaanse begrotingstekort in 2010 bedroeg 6,5% BBP, de staatsschuld was 60%. Het Portugese begrotingstekort was in 2010 8,8%, de staatsschuld 93%. Het Ierse begrotingstekort was in 2010 30%, de staatsschuld 96%. Een land als Griekenland was niet meer in staat om de uitstaande schulden af te betalen. Ook Ierland, minder erg dan Griekenland, zat in zwaar weer. Bij een land als Italië viel het begrotingstekort op zich wel mee, maar de rentebetalingen van de schulden en de aflossingen ervan kwamen in gevaar. Beleggers in staatsschulden van de PIIGS-landen gingen hogere rentevergoedingen als compensatie voor het verhoogde risico eisen. Die hogere rente konden die landen niet opbrengen.

De politici waren bang dat door een faillissement van bijvoorbeeld Griekenland beleggers massaal weg zouden trekken uit de EU. Door het hierdoor ontstane wantrouwen zou de euro ook als betalingsmunt in gevaar kunnen komen. Griekenland werd gesteund door de EU en het Internationale Monetaire Fonds (IMF) (zie de volgende paragraaf). Italië stelde zich vrijwillig onder controle van het IMF. Ook werd een apart steunfonds opgericht, het Europese Financiële Stabiliteitsfonds (EFSF), voor landen met betalingsproblemen. Alle PIIGS-landen proberen nu geleidelijk hun begrotingen op orde te krijgen. Zij bezuinigen en verhogen de belastingtarieven. Dat gaat gepaard met grote maatschappelijke onrust.

Om in de toekomst betere begrotingsdiscipline af te dwingen van de lidstaten is een begrotingspact overeengekomen. Dit pact geeft de Europese Commissie grote bevoegdheden om in te grijpen in een land dat zich niet aan de gestelde afspraken houdt. Alleen het Verenigd Koninkrijk verzet zich hier tegen. Sommige landen zoals Duitsland willen een fiscale unie in de EU. De contouren daarvan zijn nog niet duidelijk. Ook spreken politici over een bankenunie. De banken in de EU krijgen regels opgelegd om meer en beter aan hun verplichtingen te kunnen voldoen. Ook hierbij is er verzet van het Verenigd Koninkrijk. Inmiddels staan grote banken in de eurozone onder toezicht van de ECB. Kleinere banken blijven onder toezicht van nationale toezichthouders. In Nederland De Nederlandsche Bank en de Autoriteit Financiële Markten (AFM).

2.7   De Economische en Monetaire Unie

Tijdens de Europese Raad van Maastricht in december 1991 zijn de afspraken gemaakt over de oprichting van een Economische en Monetaire Unie (EMU). Dit is vastgelegd in het Verdrag van Maastricht. Het uiteindelijke doel was de invoering van de euro. De landen die de euro als valuta hebben ingevoerd, worden samen de eurozone genoemd.

Het Europees Stelsel van Centrale Banken (ESCB) bestaat uit de Europese Centrale Bank (ECB) en de 28 nationale centrale banken van de lidstaten. Omdat er lidstaten zijn die de euro niet hebben ingevoerd, moet er onderscheid worden gemaakt tussen het eurosysteem, dat zijn de zeventien landen die deel uitmaken van de eurozone en het ESCB. Het hoofddoel van het ESCB is het zorg dragen voor een stabiel prijsniveau binnen de Europese Unie. Daarnaast ondersteunt het ESCB de algemene economische doelstellingen van de Gemeenschap, namelijk een hoog niveau van werkgelegenheid en duurzame economische groei.

Hoofddoel van het ESCB is het handhaven van de prijsstabiliteit.

Daartoe horen de volgende taken:

- a. het bepalen en uitvoeren van het monetair beleid van de Unie
- b. het verrichten van ingrepen op de valutamarkt
- c. het aanhouden en beheren van officiële externe reserves van de lidstaten
- d. het bevorderen van een goede werking van het betalingsverkeer.

Ad a.

Het monetaire beleid komt later uitvoerig aan de orde.

Ad b.

Soms grijpen de gezamenlijke centrale banken van de VS, Japan en de EMU in bij de koersvorming van de wisselkoersen. Zij kunnen gezamenlijk de wisselkoersen tussen de dollar, de yen en de euro beïnvloeden. Dit doen zij als zij vinden dat de wisselkoersen niet in overeenstemming zijn met wat zij de juiste wisselkoersen vinden.

Ad c.

De ECB houdt reserves aan in onder meer dollars, yen en goud.

Ad d.

Zonder goede werking van het betalingsverkeer kan de economie van een land niet meer functioneren. De nationalisatie van ABNAMRO en de steun aan ING hadden hiermee te maken. Deze banken zijn van essentieel belang voor het Nederlandse betalingsverkeer en zijn daarom systeembanken.

Inmiddels heeft de ECB er een taak bij gekregen. De bankencrisis heeft ertoe geleid tot de oprichting van een bankenunie. In de bankenunie is er één toezichthouder voor Europese banken. De Europese Centrale Bank (ECB) voert deze taak uit. Daarnaast hoort bij de bankenunie een gezamenlijk garantiestelsel voor spaarders. Ook komen er gezamenlijke reddingsoperaties als een bank failliet dreigt te gaan. Niet alle Europese banken vallen direct onder het ECB toezicht. Het gaat alleen om banken met meer dan 30 miljard euro op de balans. De ECB mag wel ingrijpen bij kleinere banken, maar de nationale toezichthouders houden toezicht. De invoering van het Europese toezicht op de banken gaat stapsgewijs.

De EMU is op 1 januari 1999 van start gegaan. Het Verenigd Koninkrijk en Denemarken hebben besloten voorlopig niet aan de invoering van de euro mee te doen. Zij hebben gebruik gemaakt van wat officieel een "opt-out"-clausule heet, een speciale uitzonderingsmaatregel. In 2003 heeft de Zweedse burger 'nee' gestemd in een referendum over invoering van de euro. Zweden heeft zich bij de toetreding tot de Europese Unie in 1995 wel verplicht om uiteindelijk tot de eurozone toe te treden. De tien nieuwe lidstaten die op 1 mei 2004 tot de Europese Unie toetraden, waren verplicht de euro op termijn ook in te voeren. Dit kan echter pas als deze landen aan alle eisen kunnen voldoen. Deze vijf eisen zijn:
- De inflatie moet laag zijn. De inflatie mag niet meer dan 1,5%-punt boven de laagste inflatie in de EU zijn. De laagste inflatie is de gemiddelde prijsstijging van de drie landen met de minste inflatie.
- De langetermijnrente mag niet meer dan 2%-punt liggen boven het gemiddelde van de langetermijnrente in de drie landen met de laagste inflatie.
- De wisselkoers van de nationale valuta moet stabiel zijn.
- Het EMU-tekort mag niet groter zijn dan 3% van het BBP.
- De EMU-schuld mag niet groter zijn dan 60% van het BBP.

Vooral het inflatiecriterium bleek voor veel Oost-Europese landen een struikelblok. Op 1 januari 2007 voerde Slovenië als eerste van de nieuwe toetreders de euro in. Sindsdien zijn ook Cyprus(2008), Malta (2008), Slowakije (2009), Estland (2011) en Letland (2014) toegetreden tot de groep van eurolanden. Andere landen, waaronder Polen, Hongarije en enkele Baltische Staten, hopen de euro ook binnen enkele jaren in te mogen voeren.

2.8   Andere internationale organisaties

In deze paragraaf noemen wij vier andere internationale organisaties waarvan Nederland ook lid is:

a.   Verenigde Naties (VN) of United Nations Organization (UNO)

b.   Wereld Handels Organisatie of World Trade Organization (WTO)

c.   Internationale Monetaire Fonds (IMF) of International Monetary Fund en Wereldbank (Worldbank)

d.   Organisatie voor Economische Samenwerking en Ontwikkeling (OESO) of Organisation of Economic Cooperation and Development (OECD).

Ad a.

De Verenigde Naties zijn een internationale organisatie opgericht in 1945 na de Tweede Wereldoorlog. In de organisatie werken overheden samen op het gebied van het internationale recht, de mondiale veiligheid, het behoud van mensenrechten, en de ontwikkeling van de wereldeconomie.

De organisatie telt 193 lidstaten. Het hoofdkantoor staat in New York. Deelhoofdkantoren staan in Genève, Wenen en Nairobi.

Een aantal bestuursorganen sturen de werkzaamheden van de organisatie aan: de Algemene Vergadering, de Economische en Sociale Raad, het Internationaal Gerechtshof, en het Secretariaat. Het meest dwingende en bekendste orgaan van de Verenigde Naties is de Veiligheidsraad. De taak is het handhaven van veiligheid en vrede in de wereld. De Veiligheidsraad bestaat uit 15 leden waarvan 5 permanente leden met vetorecht. De 5 permanente leden zijn: China, Frankrijk, Rusland, het Verenigd Koninkrijk, en de VS. Voor de overige 10 leden geldt een rouleersysteem op alfabetische volgorde (volgens het Engelse alfabet). De overige leden zijn telkens twee jaar lid. Elk jaar treden vijf landen terug en komen er vijf landen bij. Nederland was vijf keer lid. Voor het laatst in 1999 en 2000.

Daarnaast zijn er diverse gespecialiseerde organisaties die deel uitmaken van het interne systeem van de Verenigde Naties, onder meer:
   - UNESCO (United Nations Educational Scientific and Cultural Organization) gericht op de ontwikkeling van Afrika en de gelijkheid tussen man en vrouw.
   - Wereldgezondheidsorganisatie (WHO)
   - UNICEF (United Nations International Children's Emergy Fund) dat zich inzet voor het welzijn en de rechten van kinderen.

Ad b.

De WTO is een intergouvernementele organisatie die de wereldhandel probeert te bevorderen. Eens in de twee jaar komen de lidstaten bij elkaar om handelsbelemmeringen weg te nemen. Deze ministeriële conferenties heten onderhandelingsrondes. Vanaf 2001 is de Doha-ronde gaande. Als er overeenstemming wordt bereikt gelden de regels voor alle lidstaten. Er wordt onderhandeld over goederen, diensten en intellectuele eigendomsrechten. Lidstaten kunnen andere lidstaten aanklagen vanwege het overtreden van de WTO-regels bij het geschillenbeslechtingorgaan. Het geschillenbeslechtingorgaan heet Dispute Settlement Body. Bij ongegrondverklaring van nieuwe handelsbelemmeringen door een lidstaat mogen de andere leden tegenmaatregelen nemen in de vorm van toegestane handelsbelemmeringen voor de betreffende lidstaat.

Veel handelsovereenkomsten worden tegenwoordig bilateraal dat wil zeggen tussen twee landen buiten de WTO om gesloten.

Ad c.

Het IMF richt zich vooral op het bevorderen van monetaire samenwerking, economische stabiliteit en het verlenen van steun aan landen met betalingbalansproblemen zoals Griekenland. Het is een gespecialiseerde organisatie van de VN. Aan te verlenen steun aan landen stel het IMF eisen:

Het op orde krijgen van de begrotingen door

- verhoging van de belastingtarieven
- verlaging van de overheidsuitgaven,
- privatisering (het afstoten van overheidstaken)
- deregulering (het verminderen van de regelgeving voor het beter functioneren van de vrije markt).

De Wereldbank verleent leningen aan ontwikkelingslanden om de armoede te verminderen.

Ad d.

De OESO of OECD bevordert die vormen van beleid die het economische en het sociale welzijn van mensen over de hele wereld verbeteren. Een eerlijker, een schoner en sterkere wereld is het doel. De organisatie is een forum waar overheden ervaringen kunnen delen en oplossingen proberen te vinden voor gemeenschappelijke problemen. Samen met overheden wordt gezocht naar verklaringen voor economische, sociale en milieuveranderingen. Hoe dragen veranderingen in productiviteit en in kennisniveau samen met internationale handelsstromen en internationale investeringen bij tot economische groei? Oorspronkelijk in 1960 waren 18 Europese landen, de VS en Canada lid. Nu zijn er 34 landen verspreid over de hele wereld lid. Binnenkort zullen landen als Rusland, China, Brazilië, India, Indonesië en Zuid Afrika lid worden.

Samenvatting

Dit hoofdstuk is gewijd aan belangrijke internationale organisaties waarvan Nederland lid is. Nederland is vooral lid van dergelijke organisaties om de handelsbelangen te bevorderen. Internationale handel is de belangrijke drijfveer van de Nederlandse economie. Het is logisch dat veel aandacht uitgaat naar de Europese Unie. Naast het bestaan van een gemeenschappelijke markt is ook het gemeenschappelijke beleid op veel terreinen van belang. Het landbouwbeleid vormt het leeuwendeel van de EU-begroting. Het is altijd een politiek twistpunt hoeveel nationale bevoegdheden af te staan aan 'Brussel'. De eurocrisis zou kunnen leiden tot een fiscale unie en een bankenunie binnen de EU van in het bijzonder de eurolanden. Een fiscale unie en een bankenunie leidt tot het overhevelen van nationale bevoegdheden over de begroting en over de banken naar Europese instellingen. Een Europese commissaris zou nationale overheden vanuit 'Brussel' moeten kunnen dwingen de begrotingen op orde te hebben en te houden. De Engelse overheid voelt daar niets voor. Inmiddels is de ECB belast met het toezicht op de grotere banken in de eurozone.

3 Macro-economische visie op het overheidsbeleid

Inleiding

Dit hoofdstuk laat een macro-economische benadering van de overheid zien. In de macro-economie is de blik gericht op bijvoorbeeld het bruto binnenlands product of op de werkgelegenheid van Nederland. Alle besparingen in Nederland, alle investeringen in Nederland en het algemeen prijsniveau behoren ook tot de macro-economie. Het gaat in de macro-economie om bij elkaar opgetelde grootheden. De vakterm daarvoor is: geaggregeerde grootheden. De overheid heeft invloed op deze geaggregeerde grootheden en daarmee op het economisch leven. Zij kan de werkgelegenheid en de groei van het BBP stimuleren door de investeringen te bevorderen. De investeringen kan zij stimuleren door bijvoorbeeld een belastingtariefsverlaging voor ondernemers. Zij kan de bestedingen van de consumenten stimuleren met een verlaging van het BTW-tarief of verlaging van de inkomstenbelastingtarieven. Doordat de belastingopbrengsten afhankelijk zijn van de omvang van het BBP kan de overheid haar inkomsten vergroten door groei van het BBP te stimuleren. Daarnaast moet de overheid zorgen voor een goed rechtssysteem in een land. Zonder goed rechtssysteem ontbreekt zekerheid op lange termijn. En zonder lange termijn zekerheid komen investeringen in gevaar. Zonder goede bescherming door het recht wordt ook het aankopen van goederen door consumentenkoop onzekerder. In dit hoofdstuk richt de aandacht zich op macro-economische theorieën die een rol spelen bij het overheidsbeleid. Aan de orde komen achtereenvolgens de vraagbenadering à la Keynes, de aanbodkantbenadering en de monetaire benadering.

3.1 Vraagbenadering à la Keynes van de economie

Een van de beroemdste economen uit de vorige eeuw is John Maynard Keynes (1883-1946)

J. M. Keynes

Hij werd beroemd met zijn in 1936 verschenen boek '*The General Theory of Employment, Interest and Money*' (De algemene theorie van werkgelegenheid, rente en geld). In dit boek legde hij de grondslag voor wat nu de Keynesiaanse theorie heet. Het boek gaat uit van de gedachte dat de overheid invloed uitoefent op het economisch leven van een land door de vraag naar producten te stimuleren. Dit doet zij in geval van grote werkloosheid. De zo ontstane grotere vraag naar producten zou leiden tot het inzetten van meer werknemers. Zij stimuleert de vraag naar producten door haar uitgaven te verhogen of door de belastingtarieven te verlagen. De grotere vraag naar producten leidt tot de inzet van meer werknemers. Deze werknemers verdienen loon en zullen meer besteden. Dit leidt tot nog meer vraag naar producten. Tegenwoordig wordt de Keynesiaanse theorie conjunctuurtheorie genoemd. *Conjunctuurtheorie* stelt schommelingen in de vraag naar producten, de bestedingen, centraal. Keynes verklaarde de situatie van het niet volledig benutten van het productievermogen van een land door te geringe vraag naar producten. Dat is een situatie van laagconjunctuur. Ook is een situatie van hoogconjunctuur mogelijk. Dan is de vraag naar producten hoger dan het productievermogen van een land aan kan. Dat leidt tot prijsstijgingen. De overheid moet dan haar bestedingen afremmen of de belastingtarieven verhogen. Er is in de Keynesiaanse theorie een rechtstreekse samenhang tussen overbezetting van het productievermogen en prijsstijgingen. Anders geformuleerd, bij meer werkgelegenheid ontstaan prijsstijgingen omdat het productievermogen zijn grenzen bereikt. Omdat vergroting van de werkgelegenheid tot prijsstijgingen kan leiden is het omgekeerde nog niet waar. Prijsstijgingen leiden niet automatisch tot meer werkgelegenheid. Prijsstijgingen zijn geen middel ter bevordering van werkgelegenheid. Als consumenten en producenten prijsstijgingen verwachten zullen zij daarmee rekening houden. Zij passen hun koopgedrag en investeringsgedrag hierop aan. Zij worden voorzichtiger en kopen minder.

In de werkelijkheid zijn er altijd wel pleidooien voor verhoging van de overheidsuitgaven en belastingtariefsverlaging. Pleidooien voor belastingtariefsverhoging of bezuinigingen bij de overheid zijn minder populair bij het publiek.

Als in een theorie alle grootheden variabel zijn verondersteld, wordt deze theorie een *lange termijn theorie* genoemd. Als één of meer grootheden constant zijn gedacht, heet deze theorie een *korte termijn theorie*. De theorie van Keynes richt de aandacht op de vraagkant en daarom zijn belangrijke aanbodkantfactoren zoals het productievermogen constant verondersteld. Dit maakt de Keynesiaanse theorie een korte termijn theorie. De werkloosheid in de Keynesiaanse theorie ontstaat door een geringe vraag naar goederen en diensten ten opzichte van het aanwezige productievermogen. Daarom is de werkloosheid conjunctureel.

Zijn theorie zoals de titel van zijn boek aangeeft gaat vooral over de bezettingsgraad van het productievermogen van een land maar ook over rentestanden en geld. Hierop gaat dit hoofdstuk later in.

3.2 Aanbodkantbenadering van de economie

De kwantiteiten en de kwaliteiten van de productiefactoren en hun samenstelling bepalen het productievermogen van een land. In tegenstelling tot de veronderstelling uit de Keynesiaanse theorie is het productievermogen van een land is niet constant. Deze productiefactoren vormen de *aanbodkant* of *structuur* van de economie. De productiefactoren zijn:

a. Natuur

b. Arbeid

c. Kapitaalgoederen

Ad a.

De hele natuur kan in de productie een rol spelen. De aanwezigheid van grote rivieren die transport makkelijker maken. Het klimaat en de vruchtbaarheid van de grond horen hier ook tot de natuur. Maar zodra een vis uit het water gevangen is, is de vis een kapitaalgoed geworden. (Zie straks in deze paragraaf.) Nederland maakt gebruik van de natuur met het aanleggen van havens en Oostenrijk met het aanleggen van skipistes. Ook de aanwezigheid van delfstoffen hoort tot de natuur. Bijvoorbeeld Saoedie Arabië met olie. Zodra de olie boven de grond wordt gehaald is de olie kapitaalgoed geworden (zie straks). Rusland heeft olie en gas, Nederland aardgas, de VS schaliegas. Niet alleen de hoeveelheden delfstoffen spelen een rol maar ook de kwaliteit ervan en de makkelijkheid van de winbaarheid.

Ad b.

Niet alleen de hoeveelheid arbeid is van belang maar ook de kwaliteit ervan. Met een goed geschoolde beroepsbevolking zijn meer en andere producten te maken dan met een matig geschoolde beroepsbevolking. Een goed geschoolde beroepsbevolking is productiever met lastiger te bedienen kapitaalgoederen. In Nederland vormen industrie en dienstverlening belangrijke sectoren van de economie.

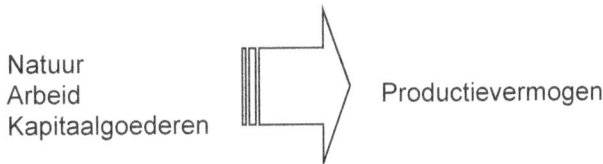

Natuur
Arbeid
Kapitaalgoederen   Productievermogen

Schema 3.1 Kwaliteit en kwantiteit van productiefactoren vormen samen productievermogen. Hun samenstelling en kwaliteit is beïnvloedbaar.

Ad c.

Dat de kwaliteit van de kapitaalgoederen een rol speelt spreekt bijna voor zich. Meestal zijn nieuwe machines productiever en efficiënter. Dit werkt ook door bij de andere twee productiefactoren. Nieuwe vrachtauto's gebruiken minder diesel. Omdat er minder diesel nodig is, wordt er minder olie gewonnen uit de grond. Elektrische auto's gebruiken minder benzine. Ook dat vermindert het winnen van olie. Gebouwen zijn beter geïsoleerd. De *technische ontwikkeling* bespaart op kapitaalgoederen en meestal ook op arbeid.

De besparing op kapitaalgoederen blijkt bijvoorbeeld uit de kleine rekenmachines die nu in de handel zijn. Veertig jaar geleden had een rekenmachine met minder functies de ruimte van een fabriekshal nodig. Bij de allereerste radio's uit de vorige eeuw kon je een boek lezen bij de radiolampen. Moderne computers en tablets zijn vaak kleiner en hebben meer functies dan hun voorgangers. De kapitaalgoederenbesparende technische ontwikkeling leidt tot lagere prijzen van de kapitaalgoederen. Hierdoor kan een grotere gevraagde hoeveelheid naar deze producten ontstaan. Zo leidt de kapitaalgoederenbesparende technische ontwikkeling tot meer werkgelegenheid.

De arbeidsbesparende technische ontwikkeling leidt tot uitstoot van arbeid. Met de invoering van de computer werden boekhoudafdelingen overbodig. Door het e-mailverkeer zijn minder postbestellers nodig. Als alle telefoonverbindingen nog via telefonistes of telefonisten zouden verlopen, zouden meer inwoners in het land bij KPN of Vodafone werken. De technische ontwikkeling kan werkgelegenheid bevorderen maar ook verminderen.

Produceren is het combineren van de drie productiefactoren. De kamer stofzuigen is volgens deze definitie ook productie. Je kunt producten maken met verschillende combinaties natuur, arbeid en kapitaal. Prijzen van de productiefactoren spelen in ondernemingen een belangrijke rol bij de keuze van combinatie. In Europa is de arbeid per werknemer per uur duur vergeleken met veel Aziatische landen. Dit leidt in Europa tot kapitaalintensieve productie. Maar per eenheid product kunnen dan de arbeidskosten relatief laag zijn. In Manhattan in New York leidt de hoge grondprijs tot de bouw van wolkenkrabbers die de kosten per m^2 lager maken.

Vernieuwingen in de techniek hebben dikwijls het karakter van *innovaties*. Innovaties zijn kleinere verbeteringen van productieprocessen of van producten. Grotere veranderingen zijn *uitvindingen*. De stoommachine is het historische voorbeeld bij uitstek dat grote economische veranderingen teweeg bracht. Ook de uitvinding van de computer en het internet heeft grote economische veranderingen veroorzaakt. Door de snelle communicatie wereldwijd kunnen markten beter functioneren door de ruimere beschikbaarheid van prijsinformatie. Uitvindingen leiden hierdoor tot toeneming van economische activiteit.

De veranderingen in het productievermogen zijn de *structurele ontwikkeling*. De werkloosheid die ontstaat door de veranderingen in het productievermogen heet structurele werkloosheid. Het productievermogen is dan niet groot genoeg om iedereen die wil werken werk te verschaffen.

Technische ontwikkeling +
innovatie
Onderwijs
uitvindingen
verandering van productievermogen

Schema 3.2 Structurele ontwikkeling

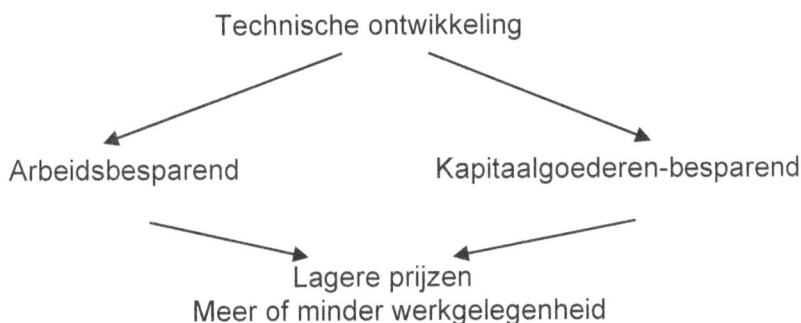

Technische ontwikkeling

Arbeidsbesparend   Kapitaalgoederen-besparend

Lagere prijzen
Meer of minder werkgelegenheid

Schema 3.3 Technische ontwikkeling

3.3 Vraag- en aanbodkantbenadering samen

De *outputgap* is het onbenutte deel van het productievermogen van een land. De outputgap geeft aan dat de vraag naar producten lager is dan wat met het productievermogen had kunnen worden geproduceerd. Een *outputgap* van -15% betekent dat de productie 15% onder de maximale productie zit door laagconjunctuur. Het productievermogen van een land heet het structurele BBP. Bij een positieve outputgap is de vraag naar producten groter dan het productievermogen aankan. Dit leidt tot prijsstijgingen. Het algemene prijsniveau stijgt. In figuur 3.1 staat een verduidelijking met behulp van de macrovraagcurve en de macro-aanbodcurve.

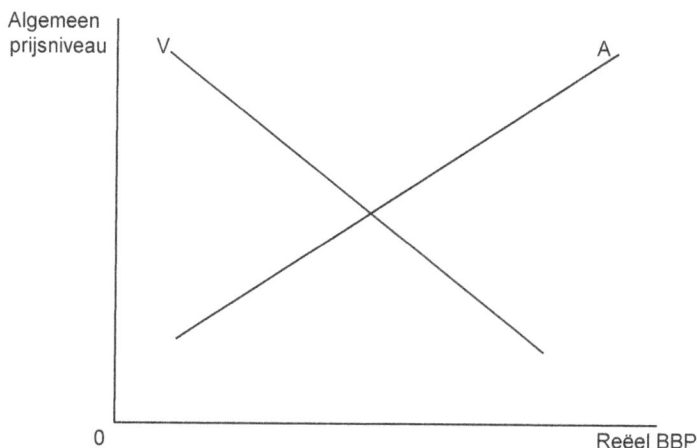

Figuur 3.1 Macrovraagcurve en macro-aanbodcurve

In figuur 3.1 staat het algemeen prijsniveau op de verticale as en het reële BBP op de horizontale as. De dalende curve (V) geeft de *macro-economische vraag* weer. De curve is dalend. Want bij een lager algemeen prijsniveau is de koopkracht groter en zal de vraag naar producten groter zijn. De stijgende curve (A) geeft het *macro-economische aanbod* weer. De curve heeft een stijgend verloop. Hoe meer productie des te moeilijker is het om voldoende productiefactoren in te kopen. In het bijzonder geldt dit voor de arbeid. Dit leidt tot prijsstijgingen van de productiefactoren. Deze prijsstijgingen proberen ondernemers door te berekenen in de prijzen van de eindproducten. In het snijpunt van beide curves is sprake van *macro-economisch evenwicht*. Dat houdt in dat bij het zelfde prijsniveau de macro gevraagde hoeveelheden en de macro aangeboden hoeveelheden aan elkaar gelijk zijn.

De macrovraagcurve en de macro-aanbodcurve kunnen van plaats verschuiven. Een verschuiving van de macro-aanbodcurve kan zijn veroorzaakt
door een aanzienlijke verhoging van de vennootschapsbelasting. De curve
zal naar links of naar boven verschuiven. In figuur 3.2 is dit uitgebeeld.

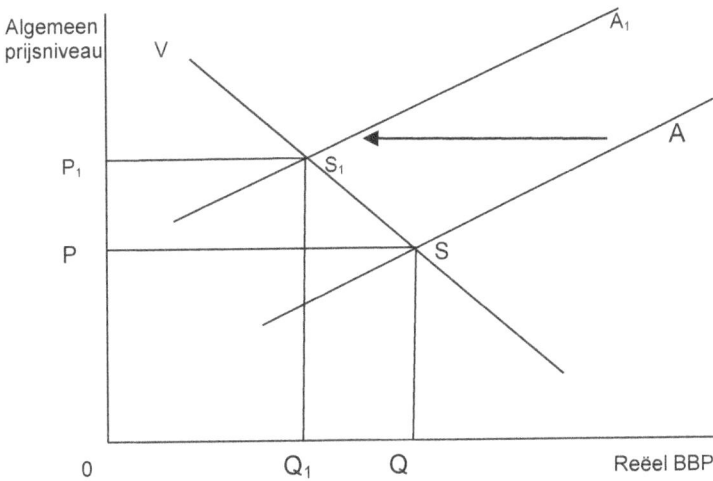

Figuur 3.2 Verschuiving van de macro-aanbodcurve

Door deze verschuiving is de macro-aanbodcurve A verschoven naar de
macro-aanbodcurve A_1. Het macro-economische evenwicht verschuift. Het
macro-economische evenwicht lag eerst bij S en na de verschuiving van de
macro-aanbodcurve bij S_1. Bij S hoort het algemene prijsniveau P en een
reëel BBP van Q. Bij S_1 hoort het algemeen prijsniveau P_1 en een reëel
BBP gaat van Q_1.

Het algemeen prijsniveau gestegen van P naar P_1. Het BBP is verminderd
van Q naar Q_1.

De supply-siders vormen een groep economen die sterk de aanbodkant van
de economie in hun analyses benadrukken. Hun bekendste vertegenwoordiger is Arthur Laffer. Hun politieke advies is het verlagen van de belastingtarieven. In het bijzonder de belastingtarieven voor het bedrijfsleven moeten
omlaag. Hierdoor verschuift de macro-aanbodcurve omlaag of naar rechts.
Het algemeen prijsniveau daalt en het reële BBP stijgt in de nieuwe even-
wichtssituatie. Kijkend naar figuur 3.2 is in deze benadering begonnen met
macro-aanbodcurve A_1 en het macro-economische evenwicht S_1. Vervolgens na de verschuiving ontstaat de macro-aanbodcurve A en is het macro-
economische evenwicht S.

59

De verschillen tussen de Keynesiaanse benadering en de supply-side benadering komen nog beter tot uitdrukking in figuur 3.3.

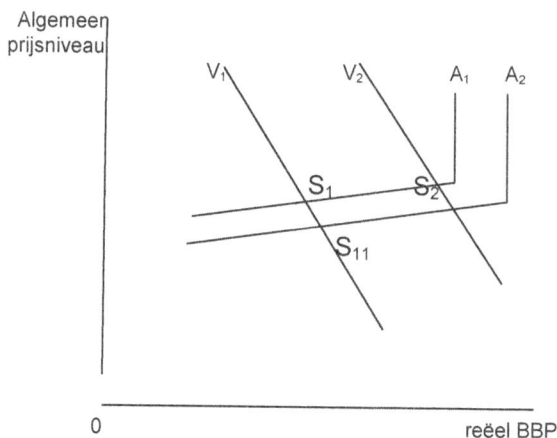

Figuur 3.3 Keynesiaanse en supply-side benadering

In figuur 3.3 zijn de macro-aanbodcurves A_1 en A_2 als lijnen getekend met
een knik erin. Hiermee komt tot uitdrukking dat bij een gegeven productievermogen het reële BBP niet meer kan stijgen. In het linker deel van de curves A_1 en A_2 is de output gap groot. Dit geeft de typische Keynesiaanse situatie van onderbezetting van het productievermogen weer. In die situatie
leidt stimulering van de vraag tot een verschuiving van de macrovraagcurve
(de macrovraagcurve verschuift naar rechts) van V_1 naar V_2. Het macro-
economische evenwicht verschuift van S_1 naar S_2. Er komt een groter reëel
BBP tot stand tegen een wat hoger prijsniveau. Maar als de productie bij het
niveau van het productievermogen komt, zal alleen nog het algemeen prijsniveau stijgen. Als de output gap gering is leidt verdere stimulering van de
vraag tot stijging van het algemeen prijsniveau zonder noemenswaardige
stijging van de productie. Bij belastingtariefsverlaging voor het bedrijfsleven
verschuift de macro-aanbodcurve naar rechts. A_1 wordt A_2. Dit leidt bij macrovraagcurve V_1 in het nieuwe evenwicht S_{11} tot verlaging van het algemeen prijsniveau en vergroting van het reëel BBP. Als tegelijkertijd de tarieven in de inkomstenbelasting ook worden verlaagd verschuiven zowel de
macrovraagcurve als de macro-aanbodcurve. De macrovraag reageert snel
op tariefsverlagingen. Het macro-aanbod van de economie past zich trager
aan. Het lijkt op alleen het stimuleren van de macrovraag. Hierdoor verschilt
in eerste instantie het Keynesiaanse beleid niet essentieel van het supply
side beleid.

3.4 Monetaristische benadering

De belangrijkste vertegenwoordiger van de monetaristische benadering is de econoom Milton Friedman (1912 – 2006).

Volgens de monetaristische benadering die anders is dan de benadering van de Keynesianen is de macro-aanbodcurve een verticale lijn. In figuur 3.4 is dit weergegeven.

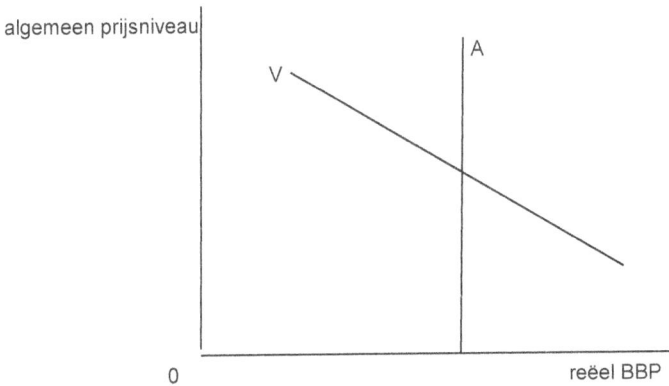

Figuur 3.4 De monetaristische benadering

De verticale macro-aanbodcurve gaat uit van de veronderstelling dat een land vrijwel altijd op het niveau van zijn productievermogen produceert. Onderbezetting van het productievermogen doet zich niet voor. Bij onderbezetting zou de prijs van de arbeid vanwege de werkloosheid moeten dalen. Daardoor is het juist aantrekkelijk arbeid wel weer in te zetten in het productieproces. Dan keert het niveau van volledig bezetting als vanzelf terug. Overbezetting van het productievermogen doet zich bij een volmaakt werkend prijsmechanisme niet voor. Want de prijsstijgingen zorgen dan dat het niveau van overbelasting van het productievermogen weer ongedaan wordt gemaakt. Het verticale beloop van de macro-aanbodcurve laat zien dat volgens deze redenering stimulering van de macrovraag geen zin heeft. Elke verschuiving naar rechts van de macrovraagcurve leidt alleen maar tot verhoging van het algemeen prijsniveau zonder dat het reële BBP stijgt. Natuurlijk kan het reële BBP wel stijgen door de inzet van nieuwe verbeterde machines. Dit komt dan tot uitdrukking in een verschuiving van de macro-aanbodcurve naar rechts. Met deze groei van het productievermogen moet de geldgroei gelijke tred houden, bij voorbeeld met zo'n 3% per jaar. Dan is er voldoende geld om het toegenomen aantal transacties te financieren. En blijft prijsinflatie uit. Door deze geldgroeiregel uitgaande van zo'n 3% reële groei per jaar worden prijsstijgingen vermeden. Hierdoor blijven inflatieverwachtingen bij het publiek uit. Inflatieverwachtingen lokken juist inflatie uit. Het publiek gaat eerder besteden omdat 'morgen' alles duurder zal zijn.

Milton Friedman

Friedman is een tegenpool van Keynes. Keynes benadrukte onderbezetting van het productievermogen van een land, Friedman ontkende het bestaan van onderbezetting. Stimulering van de vraag door de overheid doet de onderbezetting verminderen volgens Keynes, stimulering van de vraag heeft geen zin volgens Friedman. Het leidt alleen maar tot prijsstijgingen.

Natuurlijk komt de vraag op: Wie heeft er nu gelijk? Het antwoord is: welke situatie is actueel. In 2012 en 2013 lijkt de 'Keynesiaanse' situatie van onderbezetting wat meer actueel dan de wereld van Friedman.

In landen als Spanje en Portugal is de macrovraag naar goederen en diensten al jaren laag. De economen van de aanbodkant verwachten dat in die landen de lonen zullen dalen. Toch is dat de laatste jaren nauwelijks gebeurd. Een goed werkend prijsmechanisme bestaat niet altijd in de werkelijkheid. Naar beneden toe zijn de lonen in het algemeen star omdat niemand loonsverlaging wil en de maatschappij accepteert met verzet tot gevolg.

3.5   Achtergronden van het monetaristische beleid

Een stabiel prijsniveau biedt zekerheid en dat stimuleert het verrichten van transacties wat goed is voor economische groei. Toekomstplannen van consumenten en investeerders zijn meer overzienbaar. Een stabiel prijsniveau verschaft de burgers zekerheid. Een stijging van het algemeen prijsniveau, *inflatie*, maakt dat je met je geld minder kunt kopen. Sparen is dan niet meer aantrekkelijk. De vakbeweging zal om de koopkracht van de werknemers niet te laten dalen prijscompensatie eisen. Bij *deflatie*, een daling van het algemeen prijsniveau, worden schulden in koopkrachttermen groter. Als burgers hun geld wantrouwen, gaan zij in het uiterste geval over op ruil in natura. In de eurozone van de EU is de ECB , zoals beschreven in hoofdstuk 2, belast met de taak om voor prijsstabiliteit te zorgen. De Nederlandse centrale overheid oefent daar zelf niet rechtstreeks invloed op uit. Toch kan ook de centrale overheid invloed uit oefenen op het algemeen prijsniveau en wel via belastingen en tarieven van overheidsdiensten. In 2013 bijvoorbeeld verhoogde de centrale overheid de BTW naar 21%. Dit leidde tot versterkte prijsstijgingen. Na verloop van tijd ebt het prijsstijgingseffect van de verhoging van de BTW weg. Om het beleid van de ECB te begrijpen is een behandeling van het geldbegrip en de rol van de rente noodzakelijk.

Geld

Geld heeft drie functies:

  i.   Ruilmiddel
  ii.   Rekeneenheid
  iii.   Middel tot het aanhouden van vermogen

Ad i

Geld wordt gebruikt om goederen en diensten te betalen in plaats van die door ruil te verwerven. Mensen accepteren geld omdat zij weten dat anderen het geld ook zullen accepteren. De meeste transacties in Nederland zijn girale transacties. Bij pinnen vinden overschrijvingen van de bankrekening van de pinner naar de bankrekening van de winkel plaats. Giraal geld is het geld dat op een betaalrekening of rekening courant tegoed staat bij een bank. Chartaal of cash geld, dus munten en bankbiljetten wordt steeds minder gebruikt.

Ad ii

Met geld wordt gerekend. In de winkel is uit te rekenen hoeveel vissen even duur zijn als één brood. Dat zou bij ruil in natura waarbij vissen en brood rechtstreeks met elkaar worden geruild veel lastiger zijn.

Ad iii

Met geld dat niet direct nodig is voor het doen van betalingen kunnen vermogenstitels zoals aandelen en obligaties worden gekocht. Of het kan op een spaarrekening worden gezet. Toch wordt dit geld ook wel als cashgeld of als giraal geld opzij gezet. Mensen doen dat als de rente heel laag is of als zij verwachten dat de aandelenkoersen zullen dalen. Of als de rente zal stijgen en obligatiekoersen dalen.

Geld, chartaal of giraal, in handen van mensen en ondernemingen is maatschappelijk geld. Ook het op zij gezette cashgeld en girale geld is maatschappelijk geld. Maatschappelijk geld vertegenwoordigt koopkracht. Geld in bezit van banken is geen maatschappelijk geld.

Het groter worden van de maatschappelijke geldhoeveelheid is **geldschepping**. Het kleiner worden van de maatschappelijke geldhoeveelheid is **geldvernietiging**. Het veranderen van de maatschappelijke geldhoeveelheid ontstaat via

a. Substitutie
b. Transformatie
c. Kredietverlening

Ad a

Bij het opnemen van geld uit een geldautomaat vindt **substitutie** plaats. Giraal geld, de bankrekening, wordt omgezet in cash geld. De omvang van de maatschappelijke geldhoeveelheid verandert niet, maar wel de samenstelling van de maatschappelijke geldhoeveelheid over cash en giraal. Cash geld storten op de bankrekening is ook substitutie. Cashgeld wordt dan omgezet in giraal geld. Het cashgeld in de geldautomaat is nog van de bank en is daarom geen maatschappelijk geld.

Ad b

Bij het omzetten van dollars in euro's vindt **transformatie** plaats. Dollars kunnen in de eurozone geen maatschappelijk geld zijn, euro's wel. Door deze transformatie vindt geldschepping plaats. Als euro's worden omgezet in dollars vindt geldvernietiging door transformatie plaats.

Ad c

Als banken aan consumenten of ondernemingen geld uitlenen, vindt **kredietverlening** plaats. De consumenten en ondernemingen krijgen geld op hun bankrekeningen dat er eerder niet was. De maatschappelijke geldhoeveelheid neemt dan toe. Als consumenten of ondernemingen aflossen bij een bank vindt geldvernietiging plaats. De maatschappelijke geldhoeveelheid neemt af en 'verdwijnt' in de bank.

Hoe kunnen banken krediet verlenen? Stel dat een bank € 100 miljoen aan chartaal geld in de kluis heeft. Deze bank weet uit ervaring dat van de bankrekeningen hoogstens 10% chartaal wordt opgevraagd. Deze bank zou dan € 1000 miljoen (10*100) of € 1 miljard maximaal hebben kunnen uitstaan op de bankrekeningen. Wanneer er op de bankrekeningen maar € 0,6 miljard uitstaat, kan de bank nog € 0,4 miljard aan leningen uitschrijven. De maatschappelijke geldhoeveelheid neemt dan met € 0,4 toe. Dat is geldschepping door kredietverlening. Om te voorkomen dat banken meer krediet verlenen dan gewenst is voor de stabiliteit van het algemeen prijsniveau staan zij alle in de eurozone onder toezicht van de ECB en houden zij reserves aan. Het individuele belang van een bank is kredietverlening. Dat individuele belang van een bank kan in strijd zijn met het algemeen belang van prijsstabiliteit en soliditeit.

Om het beleid van de ECB te begrijpen is de behandeling van de zogenoemde verkeersvergelijking van Fisher handig. Wat je koopt voor honderd euro is niet alleen honderd euro in goederen waard, maar ook honderd euro in geld. De waarde van de goederen- en dienstenstroom moet gelijk zijn aan de waarde van de geldstroom in een periode van bijvoorbeeld een jaar. Fisher heeft dit beschreven met de volgende vergelijking:

$$M.V=P.T$$

De vergelijking geeft het volgende weer. De maatschappelijke geldhoeveelheid (M) maal de omloopsnelheid (V) van het geld is in een jaar de stroom geld beschikbaar om goederen en diensten aan te schaffen. Deze stroom is P.T en dus gelijk aan het algemeen prijsniveau (P) maal het aantal transacties (T) in dat jaar. De omloopsnelheid V van het geld is aantal keren dat het geld van bezitter wisselt. M.V geeft de geldstroom weer en P.V de goederen- en dienstentransacties.

Stel dat V constant is. Dan zal door een stijging van M eveneens P.V groter worden. Zo werken veranderingen in de geldstroom door in de goederen- en dienstenstroom. Omgekeerd als P.T groter wordt bij constante V zal M groter moeten worden.

Als M.V constant is, heet dat monetair evenwicht. Als M.V groter wordt, heet dat monetaire inflatie. Het kleiner worden van M.V heet monetaire deflatie.

De veronderstelling dat V constant is, gaat voorbij aan het feit dat geld ook wordt gebruikt voor beleggingen of gewoon stil ligt. Bij een zeer lage rente doen mensen langer met hun geld niets. Het langer aanhouden van geld in plaats van het te beleggen levert vanwege de lage rente geen verlies op. Het langer aanhouden van geld komt neer op een daling van V.

Een groter aanbod van M leidt tot een daling van de rente. De rente is de 'prijs' van geld. Bij een grotere aangeboden hoeveelheid zal de evenwichtsprijs dalen bij ongewijzigde vraag. De daling van de rente gaat gepaard met een daling V. Zolang de vergroting van M de daling van V overtreft zal M.V groter worden. Het per saldo groter worden van M.V gaat samen met een grotere P.T.

Zolang er sprake is van onderbezetting zal door de stijging van M*V ook T stijgen. Maar zodra de outputgap is verdwenen kan T niet meer stijgen en zal P gaan stijgen. Onderbezetting gecombineerd met lage rente is de 'typisch' Keynesiaanse situatie. Volledige bezetting met nauwelijks een outputgap is meer de situatie die Friedman op het oog had.

Samenvatting

In dit hoofdstuk stond de macro-economische benadering van het beleid centraal. Zowel de vraagkant als de aanbodkant van de economie zijn behandeld. In een situatie van diepe onderbezetting van het productievermogen kan de overheid het macro-economisch evenwicht beïnvloeden naar een groter BBP zonder het risico van stijging van het algemeen prijsniveau. Zij verhoogt dan haar bestedingen of verlaagt de belastingtarieven. Deze situatie kan de 'Keynesiaanse' situatie worden genoemd. Zodra het productievermogen min of meer volledig is bezet ontstaat de 'Friedman' situatie. Verdere stimulering van de economie zou alleen maar leiden tot prijsstijgingen zonder toeneming van de reële productie. In monetaire zin betekent diepe onderbezetting dat het laten toenemen van M teniet zou worden gedaan door een daling van V. Dan kan alleen de overheid met een verhoging van haar bestedingen de reële productie doen toenemen. Het toenemen van M gaat gepaard met een verlaging van de rentestand. Die verlaging gaat op zijn beurt gepaard met een daling van V. Als M*V op niveau blijft of iets groter wordt zal P*T ook op niveau blijven. In de VS is het beleid van QE gevoerd. De FED in de VS begint aan te geven dat daar de economie zo aan het herstellen is, dat het QE-beleid geleidelijk kan worden teruggeschroefd. In de eurozone voert de ECB officieel geen QE-beleid, maar doet dat in feite wel.

Door het lidmaatschap van de EMU beschikken de nationale centrale overheden en de nationale centrale banken niet meer over een zelfstandig monetair beleid. Dat is overgedragen aan de ECB. Door de monetaire unie is het monetaire beleid niet meer uitsluitend gericht op nationale omstandigheden.

4 Economische theorie van de publieke besluitvorming

Inleiding

In het vorige hoofdstuk stond de macro-economische benadering van de overheid centraal. Daarbij werd 'de overheid' opgevat als één geheel. De macro-economische effecten van het overheidsbeleid zijn daar besproken. Dit hoofdstuk is micro-economisch. In de micro-economie staat het individu centraal. Individuen beïnvloeden in verschillende rollen de centrale overheid. Er zijn politici, ambtenaren, burgers, belangengroepen en lobbyisten. De centrale overheid is niet langer opgevat als een geheel. Meerdere groeperingen beïnvloeden het beleid.

In paragraaf 4.1 is nagegaan hoe de politieke markt in elkaar steekt. Er is vraag naar de 'producten' van de overheid en de overheid biedt die 'producten' aan. Paragraaf 4.2 behandelt wie de vragers en de aanbieders zijn op de politieke markt. Paragraaf 4.3 laat de samenhang zien tussen welvaart en politieke besluitvorming. En tot slot komen stemprocedures aan de orde als methode om de welvaart van individuen tot collectieve welvaart om te vormen.

4.1 De politieke markt

Zowel in de macro-economie als de micro-economie speelt de welvaart van de burgers in het land een rol. Stilzwijgend gaat de macro-economie er meestal van uit dat productiegroei bijdraagt tot de welvaart van alle burgers. Maar als sterke economische groei tot een enorme luchtvervuiling zou leiden is het nog maar de vraag of de welvaart van alle burgers toeneemt. In paragraaf 4.3 zal de welvaart centraal staan. In de micro-economie wordt meestal verondersteld dat de consument naar maximale behoeftebevrediging streeft. Ook voor de andere actoren zijn er gedragsveronderstellingen: de producent streeft naar maximale winst, de politicus naar stemmenwinst. Van een ambtenaar is een gedragsveronderstelling dat zij of hij carrière wil maken en daarbij naar een zo hoog mogelijk budget streeft. Burgers zullen stemmen op die partij die hen de meeste voordelen oplevert. Lobbyisten 'weten de weg' in Den Haag en Brussel. Zij vertegenwoordigen producenten of consumenten bij het behartigen van hun belangen. In Nederland en natuurlijk ook in andere ons omringende landen vormen de organisaties van werkgevers en werknemers belangrijke belangengroepen maar ook milieuactivisten.

De hier genoemde gedragshypotheses passen bij het methodologisch individualisme. Het *methodologisch individualisme* houdt in dat de gedragshypotheses zijn gebaseerd op individuele voorkeuren of gedragingen waarbij individuen hun eigen belang nastreven. De gedragshypothese van stemmenmaximalisatie bij politici is slechts een hypothese, een veronderstelling op grond waarvan een nadere analyse kan worden gemaakt. Dat sluit niet uit dat voor een individuele politicus ideologische motieven van groot belang zijn en voorop staan.

De theorie van de publieke besluitvorming of public choice theorie is de basis van dit hoofdstuk. Op de 'politieke markt' treden de burgers in hun rol van consumenten of producenten op als vragers van overheidsdiensten. Ook belangengroepen zoals werkgevers– en werknemersorganisaties, zijn vragers van overheidsdiensten. De aanbieders zijn burgers in hun rol van politici en ambtenaren. Lobbyisten hebben er hun beroep van gemaakt om namens producenten en consumenten hun vragen of belangen in de politieke arena naar voren te brengen. Zij functioneren als 'makelaars' die vraag en aanbod bij elkaar brengen.

4.2 De spelers in het politieke proces

Belangrijke spelers op de 'politieke markt' zijn kiezers, politici, ambtenaren, belangengroepen en lobbyisten.

Bij het prijsvormingsproces op markten ziet een burger rechtstreeks de kosten (prijs) en de baten van de behoeftebevrediging. Op de politieke markt ziet een burger wel de kosten (belastingen) maar niet rechtstreeks de baten. Daarnaast is de invloed van een individuele kiezer op de uiteindelijke politieke beslissing – anders dan op de gewone markt – gering. Dit kan tot een zekere onverschilligheid ten opzichte van de politiek leiden. Op individueel niveau spelen de kosten- en batenoverwegingen van de politieke besluitvorming dikwijls nauwelijks een rol. Maar georganiseerd in belangengroepen kunnen burgers invloed uitoefenen op het politieke besluitvormingsproces. Belangengroepen proberen voordelen te krijgen van de overheid om zo hun baten te verhogen.

Kiezers

De burgers in hun rol van kiezers stemmen in Nederland eens in de vier jaar voor de Tweede Kamer die landelijke centrale overheid kan aansturen. Uitgaande van de veronderstelling van maximale behoeftebevrediging is hun stemgedrag te benaderen als een afweging tussen het verwachte voordeel van het stemmen op een vertegenwoordiger van een politieke partij en de inspanning of kosten van dit stemgedrag. Om verschillende redenen kunnen de voordelen van het stemmen lager zijn dan de moeite om te stemmen. Eén kiezer heeft een vrijwel verwaarloosbare invloed op de einduitslag. Aan de kostenkant is er de tijd en moeite om naar de stembus te gaan. Een weloverwogen keuze vergt informatie over de standpunten die politieke partijen innemen. Ook het verwerven en verwerken van zulke informatie kost tijd en geld. De kosten overtreffen dan de baten. Kieswijzers kunnen deze informatiekosten verlagen. Vaak is de bereidheid om te stemmen gering. Uitsluitend in termen van geld denkend is het eerder verbazingwekkend dat de opkomst bij verkiezingen niet nóg lager is. Dit verschijnsel staat bekend als de *voting paradox.*

Politici

Ook het gedrag van politici is een uitkomst van het afwegen van kosten en baten. Tegenover de moeite die zij zich moeten getroosten om gekozen te worden, staan baten in termen van inkomen, macht en status. Er is voor iedere individuele politicus een motief om een verkiezingsprogramma op te stellen dat is gericht op het behalen van zoveel mogelijk stemmen. De rode partij belooft de kiezer rode dassen, de groene partij groene dassen. Dan is het denkbaar dat er een derde partij komt die zowel rode als groene dassen aanbiedt om op die manier de meeste stemmen te verwerven. Maar zijn die rode en groene dassen wel in één partij te combineren? Bovendien zijn de verschillen tussen politieke partijen niet eendimensionaal. Het gaat niet alleen om het kleurverschil tussen rood en groen, maar bijvoorbeeld ook over de lengte of de vorm van de dassen. Verder zullen de partijen proberen de kiezers aan zich te binden bijvoorbeeld door voortdurend in de media aanwezig te zijn. Bekend is dat de Amerikaanse president Obama secuur gebruik heeft gemaakt van de sociale media via internet. Zijn toespraken waren mede afgestemd op de informatie vanuit deze media. De landelijke verkiezingen vinden in Nederland eens in de vier jaar plaats. Politici spannen zich in om stemmen te verwerven zoals een autofabrikant weet dat mensen eens in de vier jaar een nieuwe auto kopen. De autofabrikant probeert merkentrouw te scheppen opdat de automobilist na vier jaar niet op een ander merk overstapt. Zo proberen politieke partijen ook kiezers aan zich te binden. Veel kiezers maken pas drie weken voor de verkiezingen hun definitieve keuze. Dat maakt binding aan een politieke partij extra moeilijk.

Ambtenaren

Ook het gedrag van ambtenaren is de uitkomst van het afwegen van kosten en baten. Bij de hypothese van budgetmaximalisatie streven zij hun eigen belang na. Daartoe krijgen zij ruimte doordat zij als monopolistische leveranciers van goederen en diensten een kennisvoorsprong verkrijgen op de politieke leiding. Er is sprake van *asymmetrische informatie*. De minister is dan de *principaal* en de ambtenaar de *agent*. Want de ambtenaar beschikt over meer kennis en informatie. De relatief korte duur van de benoeming van een minister en staatssecretaris op hun post, draagt hieraan bij. Het veronderstelde streven naar eigenbelang strookt niet met het traditionele beeld van een volgzame en zich dienstbaar opstellende bureaucratie.

Belangengroepen

Belangengroepen of pressiegroepen bestaan in allerlei varianten. Te denken valt bijvoorbeeld aan groepen waarvan de leden een duidelijk eigenbelang hebben. Voorbeelden zijn organisaties van medisch specialisten, de Nederlandse Orde van Advocaten en de Nederlandse Vereniging van Makelaars. Belangengroepen kunnen ook een specifieke visie hebben zoals de milieuorganisatie Greenpeace. Zij verdedigen hun belangen of vragen gunsten voor hun groep bij politici. Zij bezoeken in Den Haag de fracties in Tweede en Eerste Kamer.

Uit onderzoek is gebleken dat kleine groepen, waarvan de leden homogene belangen hebben, de grootste invloed kunnen uitoefenen. Kleine groepen zijn eenvoudiger te organiseren. In een kleine groep waar de deelnemers elkaar kennen en vergelijkbare belangen hebben, zijn de kosten van communicatie en coördinatie laag. Voor individuele leden van de groep zijn de baten van het lidmaatschap hoger dan de kosten. Bij het organiseren van grotere groepen zijn de belangen vaak minder homogeen. De individuele kosten van lidmaatschap zijn vaker hoger dan de individuele baten. Ook het optreden van free riders maakt het organiseren van grotere groepen lastiger. Immers, de voordelen die een belangengroep kan opleveren, hebben doorgaans een collectief karakter. Zo geldt de loonsverhoging die een vakbond bedingt ook voor niet-leden. *Free riders* profiteren wel mee van het behaalde voordeel, ook al hebben zij geen contributie betaald. Om het lidmaatschap van een belangengroep toch aantrekkelijk te maken, geeft de belangengroep positieve prikkels via lidmaatschapsvoordelen als prijsreducties.

Belangengroep kunnen veel winnen bij het beïnvloeden van de politiek. De overheid kan de leden van een belangengroep financieel voordeel opleveren. Een belangrijk 'product' van de overheid is immers regelgeving. Concrete voorbeelden zijn minimumprijzen, vestigingsvergunningen, quotaregelingen, vervuilingsnormen, veiligheidsnormen, regulering van winkelsluitingstijden, vergunningenstelsels voor taxi's en kwaliteitseisen voor beroepsuitoefening. Dergelijke regelgeving kan er toe leiden dat de concurrentie wordt beperkt, waardoor er monopoliewinsten kunnen worden behaald. De Autoriteit Consument en Markt onderzoekt of beroepsorganisaties, zoals de Nederlandse Orde van Advocaten of de organisatie van Medisch Specialisten zich schuldig maken aan mededingingsbeperkend gedrag.

Belangengroepen kunnen hun invloed bijvoorbeeld uitoefenen via campagnefinanciering van politici. Overigens moeten schenkingen aan politici boven een bepaald bedrag openbaar zijn. Belangrijk is ook het verschijnsel *capture*. Vaak is de regelgever voor het verkrijgen van de benodigde informatie afhankelijk van de te reguleren partijen. Deze verstrekken de informatie graag maar doen dit wel op een manier dat de regelgeving in hun voordeel wordt beïnvloed. Zo zou het deelnemen van Nederland aan de JSF (Joint Fight Striker) tot nieuwe in Nederland uitgevonden technologieën leiden. Of dit werkelijk zo is wordt betwist. In dit verband kan ook de term *rent seeking* worden genoemd. Belangengroepen proberen voordelen van de overheid te krijgen terwijl de kosten via de belastingheffing op de burgers worden afgewenteld.

Politici kunnen grote voordelen verstrekken aan een belangengroep. Het nadeel hiervan voor de individuele burger is meestal klein omdat de belastingdruk er nauwelijks hoger door wordt.

Beslissingen via de politieke markt, bijvoorbeeld over het invoeren van rekeningrijden raken grote groepen in de samenleving. De ANWB zal dan optreden als belangengroep van de automobilisten. Lobbyisten hebben er hun beroep van gemaakt om als vertegenwoordiger van een groep, meestal een onderneming, op te treden. Veel lobbyisten zijn gevestigd in Den Haag en Brussel.

4.3   Welvaart en politieke besluitvorming

Welvaart is het niveau van behoeftebevrediging voor zover dat afhankelijk is van economische factoren. Omdat het in deze definitie van welvaart gaat om bevrediging van behoeften is het begrip subjectief. Elk subject of iedere burger kan aangeven of zijn of haar behoeftebevrediging is verbeterd of verslechterd. Als in een groep mensen minstens één burger vindt dat hij of zij er in welvaart op vooruit is gegaan is sprake van een welvaartverbetering. In de vorige zin is met het woordje 'vindt' aangegeven dat het om een subjectieve beleving van welvaart gaat. Een dergelijke welvaartsverbetering van een groep is verbetering volgens *het criterium van Pareto* of een Paretiaanse welvaartsverbetering. Als in dezelfde groep minstens één iemand een welvaartsverbetering ondervindt en tegelijkertijd minstens één iemand anders een welvaartsverslechtering ondervindt kan niet meer van een welvaartsverbetering volgens Pareto worden gesproken. Omdat het om subjectieve opvattingen gaat is de welvaartsverbetering van de een niet te vergelijken met de welvaartsverslechtering van de ander. Er kan dan geen uitspraak over de welvaart worden gedaan volgens Pareto. Het criterium van Pareto is een theoretisch criterium. In de werkelijkheid zijn er naast voorstanders van een verandering bijna altijd ook tegenstanders. In de werkelijkheid ervaart de een dezelfde economische verandering als een verbetering terwijl de ander de verandering als een verslechtering ervaart. Meer vluchten op Schiphol bijvoorbeeld is voor de reiziger een verbetering maar voor de omwonenden een verslechtering vanwege de lawaaioverlast. Hierdoor lijkt het criterium weinig praktische betekenis te hebben

De economen Kaldor en Hicks hebben een variant op het criterium van Pareto bedacht. Het *criterium van Kaldor en Hicks*. Als degenen die er in een groep op voor uit gaan degenen die er op achteruit gaan in de groep compenseren voor de achteruitgang kan er toch sprake zijn van een welvaartsverbetering. Dit criterium lijkt praktischer maar is dat ook niet. Degenen die er op achteruit zouden gaan moeten vinden dat zij voor hun potentiële achteruitgang voldoende zullen worden gecompenseerd. Degenen die er op vooruit zouden gaan, moeten ondanks de compensatie nog steeds vinden, dat zij er op voor uit zullen gaan. Na de feitelijke compensatie moet alle voorstanders en tegenstanders dat nog steeds vinden.

De Zweedse econoom Wicksell heeft de gedachte geopperd in de politieke sfeer besluiten unaniem te nemen. Bij een unaniem genomen besluit betreffende de allocatie lijkt voldaan te zijn aan het criterium van Pareto. Alle voorstemmers zijn van mening dat hun welvaart door het besluit is toegenomen, of op zijn minst niet is achteruit gegaan. Zo bezien is de unanimiteitsregel van Wicksell een praktische toepassing van het criterium van Pareto. Een bezwaar tegen de unanimiteitsregel zijn natuurlijk de kosten waarmee deze manier van besluitvorming gepaard gaat. De laatste stemmer die over de streep moet worden gehaald, is het duurst. Ongetwijfeld zal de laatste stemmer die over de streep moet worden getrokken compensatie eisen. In dat geval is er juist niet voldaan aan het criterium van Pareto. Het ligt dan meer voor de hand te denken aan een welvaartsverbetering volgens het criterium van Kaldor en Hicks. De voorstemmers compenseren de tegenstemmers, die dan alsnog voor stemmen. De tegenstemmers moeten vinden dat zij voldoende zijn gecompenseerd. De voorstemmers moeten vinden dat zij na compensatie er nog steeds op vooruit zijn gegaan.

Zowel het criterium van Pareto als dat van Kaldor en Hicks zijn theoretische criteria. De extreme eisen voor het verkrijgen van een welvaartsverbetering van een groep maken de politieke besluitvorming over een welvaartsverbetering duidelijker.

De unanimiteitsregel wordt in de werkelijkheid gebruikt. Zoals beschreven in hoofdstuk 2 moeten sommige besluiten in de EU bijvoorbeeld het besluit tot uitbreiding, eenstemmig worden genomen. Dat houdt in dat elk land een vetorecht heeft. Landen als Spanje en Portugal hebben zich aanvankelijk verzet tegen de uitbreiding van de EU met Oost-Europese landen. Zij vreesden minder investeringssubsidies van de EU te krijgen als er geld naar de nieuwe leden zou gaan. Pas toen zij hiervoor compensatie kregen stemden zij met de uitbreiding in. Eenstemmige besluitvorming in de EU leidt tot trage besluitvorming. In zaken als cultuur, asiel en internationale handelsakkoorden wordt daarom met gekwalificeerde meerderheid beslist. Een voorstel is aangenomen als 55% van de lidstaten die minstens 65% van de bevolking vertegenwoordigen voor stemmen. Stemmen met een gekwalificeerde meerderheid verlaagt de kosten van besluitvorming. De eisen in de EU voor het verkrijgen van een meerderheid zijn hoog. Dit moet het welvaartsverlies van de minderheid zo gering mogelijk maken. Besluiten genomen met een gekwalificeerde meerderheid voldoen niet aan het criterium van Pareto en niet aan dat van Kaldor en Hicks. Het stemmen met een gekwalificeerde meerderheid is een soort benadering van het criterium van Kaldor en Hicks. Compensatie voor de mogelijke tegenstemmers speelt in het kader van de EU een belangrijke rol. De welvaartsverhoging van de meerderheid kan gepaard gaan met meer dan evenredige kosten voor de minderheid. Een dergelijke situatie kan zich bijvoorbeeld voordoen als er sprake is van een ongeïnteresseerde meerderheid en een gepassioneerde minderheid. Bij de bepaling van de welvaartsverbetering telt immers niet alleen het aantal stemmen, maar ook de intensiteit van de voorkeuren. Een oplossing bestaat dan uit *stemmenruil*. Indien en voor zover er over verschillende voorstellen moet worden gestemd, kunnen de bij de ruil betrokken partijen hun minder urgente wensen inruilen voor hun meer urgente wensen.

In Nederland is een gekwalificeerde meerderheid nodig voor een grondwetswijziging. De verliezen voor de minderheid moeten hierdoor zo gering mogelijk zijn.

In een representatieve democratie vertegenwoordigen parlementariërs de burgers. In een representatieve democratie zijn er altijd meerderheden en minderheden. Elke meerderheid weet dat het de meerderheid kan kwijtraken. De oorspronkelijke minderheid kan na een verkiezing de meerderheid veroveren. Dat leidt er toe dat een meerderheid de minderheid nooit te sterk zal benadelen. Dit zou na een verkiezing tot wraakneming van de nu nog bestaande meerderheid kunnen leiden. Voor een land als geheel bestaat een allesomvattend belang (encompassing interest). De afwisseling in een democratie van de machtselites is een oneindig spel dat als het ware dwingt tot het sluiten van compromissen tussen de verschillende spelers.

4.4 Welvaart individueel en collectief

In Nederland vindt de bundeling van individuele voorkeuren tot een collectieve voorkeur plaats door verkiezingen. In veel landen in de wereld zijn er geen verkiezingen zodat een andere vorm van besluiten wenselijk is. Achtereenvolgens komen aan de orde:

a.   Dictatorschap
b.   De eenstemmigheidregel of unanimiteitsregel van Wicksell

c.   Problemen bij het creëren van een collectieve voorkeur

Ad a

Een heersende dictator zal overeenkomstig zijn eigen voorkeuren regeren. De welvaart van de dictator gaat er ongetwijfeld op vooruit. De dictator hoeft de welvaart van de bevolking niet in acht te nemen. Toch kan zelfs een dictator niet volledig ongeremd de bevolking uitbuiten. Immers bij totale uitputting genereert de bevolking geen nieuwe inkomsten meer voor de dictator of komen in opstand. Vanuit economische optiek zal de dictator zo ver doorgaan met het uitbuiten van de bevolking dat de baten ervan voor hem niet meer opwegen tegen de nadelen van minder inkomsten voor hem. De 'collectieve welvaart' is die van de dictator. Het woord 'collectieve welvaart' staat tussen aanhalingstekens. Er bestaan ook welwillende dictators. Zij houden weldegelijk rekening met de welvaart van de bevolking. Maar van een collectieve welvaart rekening houdend met de wensen van de burgers is geen sprake.

Ad b

De eenstemmigheidregel van Wicksell werd besproken in de vorige paragraaf. Deze regel komt het dichtst bij het criterium van Kaldor en Hicks voor het bepalen van een welvaartsverbetering. Het is onmogelijk om telkens de gehele bevolking te raadplegen voor een eenstemmig besluit. Denkt men er op vooruit te gaan rekening houdend met compensatie? En ook of de verwachtingen betreffende de welvaartsverandering na het besluit zijn uitgekomen.

Ad c

Tijdens een conventie van de democratische partij in de VS deed zich het volgende verschijnsel voor. Er waren drie kandidaten: A, B en C. Over deze drie kandidaten werd paarsgewijze gestemd. A kreeg meer stemmen dan B. Vervolgens kreeg B meer stemmen dan C. Daarna kreeg C meer stemmen dan A. Je zou verwachten dat A ook meer stemmen zou trekken dan C maar dat hoeft niet. Dit verschijnsel staat bekend als de *Arrow-paradox*. De econoom Arrow heeft aangetoond dat dergelijke niet systematische voorkeursordeningen zich kunnen voordoen ook als de voorkeursordeningen van de stemmers individueel wel systematisch zijn. De democratische conventie had dus kennelijk een andere procedure moeten volgen dan het paarsgewijs op de kandidaten stemmen. Een mogelijke procedure is dat op alle drie kandidaten tegelijk kan worden gestemd en dat op de twee kandidaten met de meeste stemmen in tweede ronde wordt gestemd. Tenzij een kandidaat al bij de eerste stemming de meerderheid achter zich krijgt. Ook is mogelijk een eerste voorkeurstem en een tweede voorkeurstem tegelijk uit te brengen. Een voorbeeld biedt Amsterdam. Bij de gemeenteraadsverkiezingen in 2014 konden in Amsterdam twee stemmen tegelijkertijd worden uitgebracht: één voor de gemeenteraad en één voor de deelraad.

In veel landen bestaat een meerkamerstelsel. Op de vertegenwoordigers van een tweede kamer (huis van afgevaardigden) stemmen de kiezers volgens evenredige vertegenwoordiging, al of niet met een kiesdrempel. Voor Nederland is de stemprocedure voor de eerste kamer beschreven in hoofdstuk 1.

Het behoeft geen toelichting dat de eis van goedkeuring van wetgeving door twee kamers in plaats van één de besluitvormingskosten verhoogt. Een tweekamerstelsel maakt het moeilijker om een besluit overhaast te nemen. Daar staat een reductie in maatschappelijke kosten tegenover. Minderheden zijn beter gehoord. Maatschappelijke onrust wordt vermeden.

Is het dan onmogelijk om vanuit de individuele voorkeuren tot een collectieve voorkeur te komen? In principe luidt het antwoord: nee, want het is niet mogelijk subjectieve welvaartswensen bij elkaar op te tellen. Verkiezingen moeten deze onmogelijkheid oplossen. In de praktijk dient het BBP of het BBP per inwoner als hulpmiddel om te zien hoe hoog de welvaart is. Ook andere maatstaven zoals het aantal artsen per inwoner, de kwaliteit van de leefomgeving kunnen bruikbaar zijn. Het BBP functioneert als soort thermometer. De meeste mensen vinden een temperatuur van twintig graden behaaglijk. Maar individueel kan iemand twintig graden te warm of juist te koud vinden. Zulke subjectieve oordelen kunnen niet eenvoudig vervangen worden door een objectieve maatstaf.

Samenvatting

Het handelen van kiezers, politici, ambtenaren, belangengroepen en lobby-isten leidt niet vanzelfsprekend tot welvaartsverbetering. Vooral goed georganiseerde belangengroepen slagen erin de belangen van hun eigen leden te bevorderen ten koste van andere burgers. Die andere burgers merken daarvan soms weinig omdat de betaling via de belastingen over de gehele bevolking zijn verspreid.

De paradox van Arrow is besproken en illustreert het probleem van voorkeursordening. Bovendien kan men ook op zoek gaan naar een procedure die het totaal van de transactiekosten van de besluitvorming en negatieve welvaartseffecten minimaliseert. Hoe een dergelijke procedure er uitziet hangt af van het concrete geval. Bij zeer belangrijke beslissingen zal een gekwalificeerde meerderheid of eenstemmigheid worden vereist bij wijze van compromisoplossing.

Epiloog

Dit boek behandelt de financiën van de overheid. In het bijzonder is gekeken naar de financiën van de Nederlandse overheid. De financiën van de centrale overheid in Nederland kunnen niet worden losgezien van het lidmaatschap van Nederland van de Economische en Monetaire Unie en van de Europese Unie. Juist in tijden van economische teruggang is er extra aandacht voor de overheidsfinanciën. Het gaat dan om de economische effecten van het beleid van de overheid op de economie van het land. In Nederland is de invloed van de overheid op de economie groot. Ook met wetgeving beïnvloedt de overheid het economisch leven.

Dominant in de politieke discussie zijn de eisen van het verdrag van Maastricht: de 3%-norm begrotingstekort en de 60%-norm staatsschuld. Deze normen zijn politiek bepaald. Economie en politiek hangen heel nauw samen. De 3%-norm en de 60%-norm dwingen overheden tot bezuinigingen die de politici zich zelf opleggen. Er zijn overigens degelijke economische argumenten om tot bezuinigingen te komen. Elke overheid kan niet tot in het oneindige lenen, er is een grens waarbij de omvang van de aflossingsverplichtingen en de rentelasten te zwaar gaan wegen.

De economen à la Keynes zullen stellen dat bij bezuinigingen door de overheid de vraag naar producten zal afnemen en daardoor de economische teruggang wordt versterkt en daarmee de werkloosheid. De economen van de aanbodkant van de economie zullen pleiten voor belastingtariefsverlaging van de vennootschapsbelasting om het bedrijfsleven te stimuleren. En monetaire economen waarschuwen voor het spook van de inflatie.

Het is aan de politici hier de juiste keuzes te maken. Ambtenaren zijn hierbij behulpzaam maar hebben soms ook een eigen agenda.

Verdere literatuur:

Public Finance, H. S. Rosen en T. Gayer, New York, 9e druk

www.ingramcontent.com/pod-product-compliance
Lightning Source LLC
Chambersburg PA
CBHW081511200326

41518CB00015B/2461